A PULSÃO PLEBEIA
TRABALHO, PRECARIEDADE E REBELIÕES SOCIAIS

A PULSÃO PLEBEIA
TRABALHO, PRECARIEDADE E REBELIÕES SOCIAIS

RUY BRAGA

Copyright © 2015 Ruy Braga

Grafia atualizada segundo o Acordo Ortográfico da Língua Portuguesa de 1990, que entrou em vigor no Brasil em 2009.

Edição: Joana Monteleone/Haroldo Ceravolo Sereza
Editor assistente: João Paulo Putini
Projeto gráfico, diagramação e revisão: Ana Lígia Martins
Assistente acadêmica: Danuza Vallim
Revisão: Ana Lígia Martins
Capa/Assistente de produção: Camila Hama

Imagem da capa: Ana Feijão

Esta edição contou com o apoio da Capes, entidade do Governo Brasileiro voltada para a formação de recursos humanos

CIP-BRASIL. CATALOGAÇÃO NA PUBLICAÇÃO
SINDICATO NACIONAL DOS EDITORES DE LIVROS, RJ

B792p

Braga, Ruy
A PULSÃO PLEBEIA : TRABALHO,
PRECARIEDADE E REBELIÕES SOCIAIS
Ruy Braga. - 1. ed.
São Paulo : Alameda, 2015
232p. ; 21 cm

Inclui bibliografia
ISBN 978-85-7939-309-9

1. Trabalho - Aspectos sociais. 2. Trabalhadores -
Condições sociais. 3. Sociologia do trabalho.
I. Título.

| 14-18211 | CDD: 305.62 |
| | CDU: 316.334.22 |

ALAMEDA CASA EDITORIAL
Rua Conselheiro Ramalho, 694 – Bela Vista
CEP 01325-000 – São Paulo – SP
Tel. (11) 3012-2400
www.alamedaeditorial.com.br

Precisamos de um movimento social que
queime carros. Mas com um propósito.
(Pierre Bourdieu,
Pierre Bourdieu: la sociologie est un sport de combat)

Sumário

APRESENTAÇÃO   9

PARTE I – IMPACIÊNCIA   15

Portugal rumo ao abismo   17

Precariado e sindicalismo no Sul global   23

Rust in Peace   53

Tierra en trance   57

Marikana: o evento clássico   63

Mandela: um legado contraditório   69

PARTE II – INQUIETAÇÃO   73

A marola conservadora   75

O enigma da "nova classe média"   81

A maldição do trabalho barato   87

Mais direitos!   91

Dilma e a utopia brasileira   99

Desassossego na cozinha   103

PARTE III – INDIGNAÇÃO 107

Treinamento bélico, violência sistemática 109

Os dias que abalaram o Brasil 113

Levantem as bandeiras! 129

Crônica de um mês inesquecível 133

Uma sociologia à altura de Junho 147

Lutar não é jogar 161

PARTE IV – ESTILHAÇOS 167

O feitiço do camarote 169

Rosa Parks em Itaquera 173

A cor mais visível 179

A rebelião "pé de obra" 185

Pra onde vai o precariado brasileiro? 189

Desafiando a hegemonia 205

Desenlace 209

REFERÊNCIAS 215

Apresentação

Este livro combina artigos, em sua maioria, publicados em jornais, blogues e revistas acadêmicas. A esse material, acrescentei resultados, ainda provisórios, do projeto intitulado "Precarização do trabalho, desigualdades e dinâmicas de ação coletiva", financiado pelo convênio entre a Fundação para a Ciência e a Tecnologia (FCT) portuguesa e a Coordenação de Aperfeiçoamento de Pessoal de Nível Superior (Capes). O objetivo desse projeto, que coordeno junto com Elísio Estanque, professor da Universidade de Coimbra, é investigar comparativamente a relação entre o aprofundamento da precarização do trabalho decorrente da atual crise capitalista e as respostas em termos de mobilização social e sindical, no Brasil e em Portugal.[1]

Apesar de sua diversidade temática, ou exatamente por essa razão, esta coletânea permite entrever diferentes facetas daquele impulso plebeu responsável pela transformação do "classismo prático" dos subalternos em um reformismo inorgânico voltado para a efetivação e ampliação dos direitos sociais. Politicamente refratário à colaboração

---

1 Ver Elísio Estanque; Hermes Costa (orgs;). "Trabalho, precariedade e rebeliões sociais". *Revista Crítica de Ciências Sociais*, Coimbra, n. 103, 2014.

10   Ruy Braga

com as empresas e apoiado na crença do poder de autodeterminação das bases, o classismo prático, por sua vez, é aquele tipo de práxis política que emerge espontaneamente de tempos em tempos da experiência compartilhada de uma situação de exploração econômica.

Nos *Cadernos do cárcere*, Antonio Gramsci afirmou que a visão social de mundo das classes subalternas – ou seja, o *senso comum* popular – é, necessariamente, fragmentada, incoerente e conservadora.[2] Entretanto, dizia o marxista sardo, devido à posição ocupada pelas classes subalternas na reprodução social, dentro desse senso comum existe o *bom senso*, isto é, aquele núcleo racional e relativamente coerente das representações ideológicas que, eventualmente, pode ser elaborado dialogicamente pelos intelectuais orgânicos socialistas a fim de impulsionar a reforma intelectual e moral dos subalternos.[3]

A pulsão plebeia fortalece e municia o bom senso dos subalternos ao conduzir o classismo prático na direção da defesa, efetivação e/ou ampliação dos direitos sociais. Trata-se de um tipo de impulso reformista que assume o Estado capitalista como seu horizonte insuperável, reproduzindo o choque entre estrutura social e formas de consciência cujo atrito redefine permanentemente os contornos da relação de forças entre as classes sociais.[4]

---

2   Antonio Gramsci, "Caderno 25: Às margens da história. História dos grupos sociais subalternos". *Cadernos do cárcere*. Rio de Janeiro: Civilização Brasileira, 2002, v. 5.

3   Nas palavras de Gramsci: "Na Itália, nunca houve uma reforma intelectual e moral que envolvesse as massas populares. [...] O materialismo histórico, por isto, terá ou poderá ter esta função não só totalizadora como concepção do mundo, mas totalizadora na medida em que atingirá toda a sociedade a partir de suas raízes mais profundas". *Cadernos do cárcere*. Rio de Janeiro, Civilização Brasileira, 1999, v. 1, p. 232. Para uma fértil análise do conceito de reforma luterana em Gramsci, ver Paulo Arantes, "Uma reforma intelectual e moral: Gramsci e as origens do idealismo alemão". *Presença*, Rio de Janeiro, n. 17, nov. 1991, p. 141-209.

4   Evidentemente, devido a sua forma, ou seja, uma coletânea de artigos redigidos em momentos distintos, este livro não pretende demonstrar cabalmente tese alguma, mas simplesmente taquigrafar o (res)surgimento desse instinto social reformista, em especial no Brasil e em Portugal, após 2008.

A fim de delinear tais contornos, tentei explorar neste volume certas dimensões da relação entre as *metamorfoses do trabalho* na globalização capitalista, o aprofundamento qualitativo do ritmo e do escopo da *precarização do modo de vida dos trabalhadores*, e o início de um novo ciclo de *rebeliões sociais* no chamado "Sul global".[5] Aqui vale dizer que, em termos gerais, acompanho aqueles que utilizam a expressão "Sul global" em referência às regiões capitalistas periféricas e semiperiféricas do atual sistema internacional estratificado e hierarquizado cujos ritmos de transformação social e exploração econômica diferem mais ou menos radicalmente dos países localizados metaforicamente no "Norte global".[6]

Alguns poderiam perguntar: afinal, porque essa pulsão seria "plebeia" e não "proletária", por exemplo? A dúvida procede. Diria se tratar simplesmente da necessidade teórica de alargar a análise da ação social a fim de englobar não apenas os trabalhadores, mas também certos setores pequeno-burgueses, em especial os jovens, diretamente atingidos pela intensidade da atual crise e, consequentemente, aprisionados no remoinho da precarização do trabalho que a acompanha.

Especialmente dramática em Portugal, onde, segundo dados divulgados recentemente pelo Instituto Nacional de Estatística (INE) português, cerca de 500 mil jovens emigraram na última década buscando escapar do desemprego e do subemprego,[7] essa situação também afeta o Brasil, que tem assistido à diminuição de suas classes médias tradicionais.[8] Assim, recorro à noção de "plebeu" a fim de reintroduzir anali-

---

5   Sobre as atuais respostas estratégicas dos trabalhadores aos desafios da globalização capitalista, ver Peter Evans, "Is it labor's turn to globalize? Twenty-first century opportunities and strategic responses". *Global Labour Journal*, Hamilton, v. 1, n. 3, 2010, p. 352-379.

6   Para mais detalhes, ver Boaventura de Sousa Santos, "Para além do pensamento abissal: das linhas globais a uma ecologia de saberes", *Novos Estudos Cebrap*, São Paulo, n. 79, nov. 2007, p. 71-94.

7   Para mais detalhes, ver Sónia Santos Pereira, "Portugal perde meio milhão de jovens numa década". *Económico*, Lisboa, 11 ago. 2014.

8   Para mais detalhes, ver dados citados por Marcio Pochmann. *O mito da grande classe média*: capitalismo e estrutura social. São Paulo: Boitempo, 2014.

12 Ruy Braga

ticamente nas classes subalternas aqueles setores pequeno-burgueses que se encontram em vias de proletarização.

Ademais, essa noção permite descrever relativamente bem os grupos que, nos últimos anos, têm se mobilizado politicamente seja para defender o Estado social contra os ataques das chamadas "políticas de austeridade", como em Portugal, seja, no caso brasileiro, para efetivar seus direitos de cidadania garantidos constitucionalmente. Argumentaremos ao longo deste livro que se trata de grupos formados majoritariamente por jovens estudantes inseridos em ocupações precárias e por trabalhadores que, devido ao aumento da concorrência no mercado de trabalho, retornaram à rotina dos estudos. Além, é claro, do proletariado precarizado que cresce nitidamente devido à mercantilização do trabalho em escala mundial. Em suma, trata-se do que alusivamente poderíamos chamar de "precariado global".

Finalmente, gostaria de dizer que este livro também integra um esforço coletivo de pesquisa empreendido à volta do projeto "Desigual e combinado: capitalismo e modernização periférica no Brasil do século XXI", financiado pelo Conselho Nacional de Desenvolvimento Científico e Tecnológico (CNPq), coordenado por André Singer e levado adiante pela equipe do Centro de Estudos dos Direitos da Cidadania (Cenedic) da Universidade de São Paulo (USP). A fim de dar sequência a minha pesquisa anterior,[9] havia me comprometido originalmente a investigar a relação entre o precariado paulistano, em especial os grupos que atuam no setor de telemarketing dos bancos, e o Sindicato dos Bancários e Financiários de São Paulo, Osasco e Região. Naturalmente, pretendo retomar a proposta no futuro.

No entanto, assim como inúmeros investigadores das ciências sociais, também fui interpelado pela rebelião social de junho passado, e confesso ter me sentido intimado a ampliar o escopo da investigação tanto para outros setores que formam o atual precariado brasileiro

---

9 Para mais detalhes, ver Ruy Braga. *A política do precariado*: do populismo à hegemonia lulista. São Paulo: Boitempo, 2012, em especial o capítulo 4.

quanto para outros países da semiperiferia capitalista, a fim de esboçar respostas às rebeliões sociais mais ou menos espontâneas que têm transformado não apenas a cena política brasileira como também a de países como Portugal, Espanha, Grécia e Turquia.

Adiantei, em julho de 2013, a hipótese que orientou este esforço reflexivo – e que pode ser vista em seu contexto no capítulo "Crônica de um mês inesquecível", neste volume – da seguinte maneira: "O país entrou no ritmo do sul da Europa, e arrisco afirmar que viveremos ainda um bom tempo sob a sombra desse explosivo estado de inquietação social". De maneira fragmentada e alusiva, flertando com a crônica – ou mesmo com a novela –, em vez do romance histórico, os diferentes artigos enfeixados neste volume propõem-se realizar uma tarefa simples: verter para a linguagem da sociologia pública a mensagem dessa pulsão reformista que, na esperança de suavizar o estado de angústia social que acompanha o desenvolvimento da atual crise capitalista, empurra-nos rumo à radicalização democrática.

Parte I
Impaciência

Portugal rumo ao abismo[1]

O aprofundamento da crise econômica mundial e a reprodução das políticas de austeridade impostas pela Troika, isto é, o Banco Central Europeu, o Fundo Monetário Internacional e a Comissão Europeia, promoveram o aumento da pobreza na Grécia, em Portugal e na Espanha, em uma escala alarmante. Notícias a respeito do ressurgimento da fome nesses países resgataram dos livros de história um fantasma que parecia completamente exorcizado em um continente cuja promessa de unidade política com proteção social seduziu há pouco mais de uma década forças políticas progressistas mundo afora.

O caso português é emblemático da totalidade da crise e de seus desdobramentos sobre o mundo do trabalho europeu. Entre 2008 e 2012, o Produto Interno Bruto (PIB) da Grécia recuou 20%; de Portugal, 7%; e da Espanha, 4%.[2] Objetivamente, entre as economias mais atingidas pela crise, a portuguesa está a meio caminho entre o colapso grego e a esperança de recuperação espanhola. Além disso,

---

1 Publicado no *Blog da Boitempo* em 27 de maio de 2013.

2 Pordata. "Taxa de crescimento real do PIB per capita na Europa". *Pordata*. Disponível em: <http://www.pordata.pt/Europa/Taxa+de+crescimento+real+do+PIB+per+capita-1533>. Acesso em: 9 set. 2014.

tendo em vista a influência direta do ex-primeiro-ministro lusitano, José Manuel Durão Barroso, atual presidente da Comissão Europeia, sobre o ministro das Finanças, Vitor Gaspar, seu antigo assessor e ex--funcionário do Banco Central Europeu, Portugal transformou-se em um autêntico laboratório vanguardista para as experiências de ajuste executadas em diferentes ritmos no sul da Europa.

Na realidade, trata-se de uma agressiva política de corte dos gastos públicos, com efeitos devastadores sobre o nível de vida das famílias trabalhadoras. Apenas para citar dois exemplos, em setembro do ano passado, o primeiro-ministro português, Passos Coelho, anunciou o aumento da contribuição dos trabalhadores para o sistema de segurança social de 11% para 18%, ao mesmo tempo em que desonerava a contribuição patronal.[3] Os ataques aos direitos trabalhistas, sintetizados no novo código do trabalho português aprovado em agosto de 2012, são seguidos pela política de cortes salariais e pela demissão em massa – ou aposentadoria compulsória – de inúmeros grupos de trabalhadores mais velhos e mais experientes em termos políticos e sindicais. (Apenas para ilustrar: em março deste ano, os estivadores do porto de Lisboa receberam uma carta informando que seus salários passariam de 1.700 para 550 euros por mês.[4])

O objetivo final dessa política é não apenas capitalizar os bancos e restabelecer a taxa de lucro das empresas por meio de uma derrota histórica dos trabalhadores lusitanos e do decréscimo do custo unitário da força de trabalho, mas transformar a estrutura social portuguesa em uma plataforma de exportações de bens de consumo não duráveis. Isso representa um flagrante recuo em relação ao esforço nacional, associado e tardio, vale lembrar, pelo menos desde a década de 1960, de industrializar Portugal conforme os moldes do fordismo semiperiférico.

---

3   Ana Rita Faria *et al.* "Trabalhadores do privado vão perder um salário". *Público*, Lisboa, 7 set. 2012.

4   Raquel Varela. "Baixar o salário de 1.700 para 550 euros ou perder o emprego: eis o ataque terrorista do patronato contra os estivadores". *Rubra*, Lisboa, n. 16, 2 abr. 2013, entrevista com Rui Viana Pereira.

A pulsão plebeia 19

De fato, a financeirização da economia tem perseguido este objetivo: na suposta impossibilidade de competir com os manufaturados chineses, os diferentes países semiperiféricos devem ser reinseridos em condições socialmente desastrosas na nova divisão internacional do trabalho. Enquanto existe hoje 1,4 milhão de desempregados em Portugal, a lucratividade dos principais grupos empresariais exportadores (EDP, Galp, Mota Engil, Grupo Melo e Lactogal, entre outros) aumentou nos últimos três anos.[5] Isso revela a natureza regressiva do capitalismo globalizado: de alternativa ao capitalismo neoliberal estadunidense, a União Europeia transformou-se em um modelo de involução social a ser evitado.

Em se tratando de reviravoltas históricas, não há como não nos lembrarmos daquela afamada passagem do *Manifesto Comunista* na qual Marx e Engels afirmam: "Tudo o que era sólido e estável se desmancha no ar, tudo o que era sagrado é profanado e os homens são obrigados finalmente a encarar sem ilusões a sua posição social e as suas relações com os outros homens".[6] Para 115 milhões de trabalhadores em risco de pobreza e exclusão social vivendo na Europa em 2010,[7] a atual ditadura das finanças significou a dolorida dessacralização da época burguesa.

Quais os efeitos, sobre os trabalhadores, da combinação de uma política de ajuste estrutural apoiada na "austeridade fiscal" com uma política de reestruturação do trabalho baseada na acumulação flexível? Segundo dados divulgados recentemente pelo instituto estatístico da União Europeia, o Eurostat, o número de portugueses vivendo em risco de pobreza e exclusão social chegou, em 2010, aos 2,7 milhões, isto é, 25,4% da população total do país.[8] Em consequência, os centros

---

5 Para mais detalhes, ver Renato Guedes e Rui Viana Pereira. "E se houvesse pleno emprego?". In: Raquel Varela (org.). *A segurança social é sustentável*: trabalho, Estado e segurança social em Portugal. Lisboa: Bertrand, 2013.

6 Karl Marx e Friedrich Engels. *Manifesto Comunista*. São Paulo: Boitempo, 1998, p. 43.

7 Natália Faria. "Mais de 2,5 milhões em risco de pobreza e exclusão no país". *Público*, Lisboa, 9 fev. 2012.

8 *Ibidem.*

sociais de Portugal que oferecem comida e abrigo estão superlotados. Em suma, o país foi conduzido a uma situação na qual a população trabalhadora aproxima-se aceleradamente do limiar que define o "precariado", isto é, uma condição proletária plasmada, por um lado, pelo aumento da exploração econômica e, por outro, pelo risco permanente da exclusão social.

Conforme os padrões portugueses, essa condição social encontra uma tradução monetária, ou seja, viver com menos de 434 euros, algo como 1.190 reais, por mês. Trata-se do valor limítrofe do pauperismo em Portugal. Em 2010, 1,2 milhão de cidadãos portugueses sobreviviam com uma renda inferior a essa. Estamos falando em mais de 11% da população do país, um contingente que cresceu 12% em relação a 2009. Ou seja, ao aplicar obedientemente as políticas propugnadas pela Troika, o governo português empurrou mais 150 mil de seus cidadãos rumo ao abismo social. Não é de se espantar que tanto José Sócrates, quanto seu sucessor, Pedro Passos Coelho, desfrutem de popularidade tão raquítica.[9]

No Brasil, a Secretaria de Assuntos Estratégicos da Presidência da República (SAE) entende que a chamada "nova classe média" seria formada por aqueles cuja renda está entre 291 e 1.019 reais mensais.[10] Ou seja, estamos abaixo da linha da pobreza em Portugal. Uma comparação entre os custos de vida em São Paulo (12ª cidade mais cara do mundo) e Lisboa (108ª),[11] apenas serviria para adicionar injúria à ofensa. Além da conclusão de que os padrões portugueses para contar os pobres são muito mais realistas do que os brasileiros, essa comparação grosseira nos leva a outra ponderação – e, nisto, somos de fato imbatíveis: a maneira claramente otimista como encaramos nosso futuro.

---

9   Renato Guedes e Rui Viana Pereira. "E se houvesse pleno emprego?", *op. cit.*

10   Brasil, SAE. "Classe média e emprego assalariado". *Vozes da nova classe média*, Brasília, n. 4, ago. 2013, p. 27.

11   Ver *Mercer's 2013 Cost of Living*. Disponível em: <http://info.mercer.com/Talent_Mobility-2014-Cost-of-Living-Ranking.html>. Acesso em: 9 set. 2014.

A pulsão plebeia   21

Com o mercado de trabalho aquecido, tornou-se usual encontrarmos casais cujos membros estão ambos empregados e recebem juntos 2 mil reais mensais. Frequentemente, eles provêm de experiências de informalidade, tendo conquistado um lugar ao sol no mercado de trabalho formal: discreto, porém efetivo, progresso social. É de se esperar que esse casal olhe para o futuro com uma expectativa otimista. No caso de Portugal, milhares de famílias trabalhadoras que foram seduzidas pela promessa da prosperidade com proteção social encaram atualmente o abismo.

É claro que diferentes percepções da trajetória ocupacional futura alteram a avaliação política a respeito da situação presente. Basta considerarmos a popularidade dos governos de Pedro Passos Coelho e de Dilma Rousseff pra obtermos uma prova disso. No entanto, uma questão objetiva emerge da comparação com a atual crise europeia: o governo brasileiro deliberadamente subestimou a magnitude e a profundidade de nossa pobreza em benefício de uma ideologia conservadora cuja capacidade de convencimento se volatiliza diante do mínimo escrutínio crítico. Como diriam Marx e Engels, ao colherem lições da nova época burguesa, é necessário encarar com "sobriedade e sem ilusões nossa posição na vida". Caso contrário, o otimismo em excesso poderá bloquear nossa percepção do perigo que se avizinha.

Precariado e sindicalismo no Sul global

Decorrente da descentralização da produção, da financeirização das empresas, da precarização das formas de contratação e da generalização da terceirização da força de trabalho, as formas tradicionais de auto-organização política dos trabalhadores, em especial os sindicatos, têm enfrentado enormes desafios na contemporaneidade. O resultado da confluência de todas essas tendências tem sido o incremento em escala global do peso relativo do proletariado precarizado no interior das classes trabalhadoras de diferentes países, tanto no Norte quanto no Sul globais. A questão levantada pela emergência desse precariado global é saber como essa fração de classe irá se comportar no devir das lutas sociais.

O livro de Guy Standing, *O precariado*: a nova classe perigosa,[1] esboça uma resposta. Trata-se de uma dessas aguardadas análises que chegou na hora certa. Um dos mais impactantes livros sobre o mundo do trabalho lançado nas últimas décadas, ele já surgiu com ares de "clássico", por ser capaz de traduzir em dados o espírito de toda uma época: vivemos sob a sombra do "precariado", isto é, um grupo de pessoas despojadas de garantias trabalhistas, submetidas a

---

1 Guy Standing. *O precariado*: a nova classe perigosa. São Paulo: Autêntica, 2013.

rendimentos incertos e carentes de uma identidade coletiva enraizada no mundo do trabalho. Em larga medida, é da qualidade da ação coletiva desse grupo que depende o futuro dos movimentos sociais globais.

A descrição que Standing faz das razões pelas quais a globalização econômica por meio da flexibilidade do trabalho ampliou incessantemente o tamanho do precariado é verdadeiramente arrasadora. A mercantilização do trabalho, associada tanto ao aprofundamento da concorrência intercapitalista quanto à financeirização do meio ambiente empresarial, reviveu o pesadelo de Karl Polanyi. Como é sabido, para o grande sociólogo húngaro, ao açambarcar as três mercadorias fictícias – isto é, o dinheiro, o trabalho e a terra –, o capitalismo colocaria em risco o conjunto da reprodução social.[2]

Em seu belo volume, Standing enfrentou os desafios levantados por Polanyi há exatos setenta anos. Além de criticar a liberdade de movimentos e a concentração dos capitais financeiros, ele denunciou os efeitos deletérios da submissão de parte substantiva do movimento sindical europeu e setores hegemônicos do *mainstream* político reformista e social-democrata a um modelo de desenvolvimento socialmente irresponsável e ecologicamente insustentável. No entanto, seu foco principal é o advento e o destino histórico do precariado como uma *nova classe em transformação*.

Poderia passar muito mais tempo simplesmente realçando os superlativos méritos do livro. No entanto, estou entre aqueles que consideram que um estudo dessa qualidade sempre estimulará o desejo de discutir e argumentar. Adianto que, ao contrário da maior parte dos exemplos e dados presentes no livro, cujo foco recai sobre as relações trabalhistas em países de capitalismo avançado, comentarei a obra da perspectiva de alguém que estuda as metamorfoses do capitalismo e da classe trabalhadora no chamado "Sul global".

---

2   Ver Karl Polanyi. *A grande transformação*. Rio de Janeiro: Campus, 2000.

O precariado: da análise sociológica à agenda política

Talvez isso seja de alguma valia ao debate. Afinal, em minha opinião, Standing concentra-se excessivamente na ampliação do precariado em países de capitalismo avançado, sobrando pouco espaço para a maior parte da força de trabalho mundial, que se encontra submetida a condições severamente piores de precariedade laboral do que aquelas encontradas na Europa ocidental. De fato, uma parte significativa das ameaçadoras relações sociais tão bem analisadas no livro parecem incrivelmente familiares à sensibilidade daqueles que se especializaram em pesquisar, por exemplo, a resiliência histórica do trabalho informal nas economias semiperiféricas.

Por essa razão, dentre as inúmeras possibilidades de interlocução com o livro, tentarei me concentrar em apenas duas variáveis do precariado pós-fordista, isto é, sua natureza de classe e seus padrões de mobilização coletiva. Standing compreende que *o precariado não faz parte da classe trabalhadora*. Ao contrário, ele constituiria uma classe social de novo tipo, produto das transformações decorrentes da globalização capitalista e das estratégias de flexibilização do trabalho em suas múltiplas dimensões. De certa maneira, o precariado seria o filho indesejado do casamento do neoliberalismo com a globalização do capital.

Essa união teria engendrado uma nova classe, formada basicamente por pessoas destituídas das garantias sociais relativas ao vínculo empregatício, à segurança no emprego, à segurança no trabalho, às formas de reprodução das qualificações, à segurança da renda e à falta de representação política. Tudo aquilo que configurou a robustez da cidadania salarial fordista na Europa e nos Estados Unidos após a Segunda Guerra Mundial e que estaria sendo negado à geração dos filhos dos *babyboomers*.

Em termos históricos, Standing entende que o precariado afasta-se da classe trabalhadora, pelo fato de esta sugerir uma sociedade formada majoritariamente por

26 Ruy Braga

> Trabalhadores de longo prazo, em empregos estáveis de horas fixas, com rotas de promoção estabelecidas, sujeitos a acordos de sindicalização e coletivos, com cargos que seus pais e mães teriam entendido, defrontando-se com empregadores locais com cujos nomes e características eles estavam familiarizados.[3]

Em minha opinião, essa definição aproxima-se mais do conceito de "salariado" – criado pelos economistas da Escola Francesa da Regulação[4] e enriquecido por sociólogos críticos, como o saudoso Robert Castel,[5] por exemplo, para apreender o tipo de norma social de consumo própria ao modelo de desenvolvimento fordista – do que do conhecido conceito marxista de classe trabalhadora. Aliás, nunca é demais lembrar que, para Marx, em decorrência da mercantilização do trabalho, do caráter capitalista da divisão do trabalho e da anarquia da reprodução do capital, a precariedade é parte constitutiva da relação salarial.[6]

Nessa perspectiva, o atual aprofundamento da precarização laboral em escala global apoia-se no aumento da taxa de exploração da força de trabalho, tendo em vista, sobretudo, a espoliação dos direitos sociais associada à "acumulação via espoliação".[7] Em todo caso, não parece razoável falar em uma relação de produção de novo tipo capaz de produzir uma "nova classe". Antes, trata-se de um retrocesso, em termos civilizatórios, potencializado pelo longo período de acumulação desacelerada que se arrasta desde, ao menos, meados dos anos 1970, e cujos desdobramentos em termos da deterioração do padrão de vida dos trabalhadores e assalariados médios tornaram-se mais salientes após 2008.

---

3 Guy Standing. O precariado, op. cit., p. 22-3.

4 Ver Michel Aglietta. Régulation et crises du capitalisme. L'expérience des États-Unis. Paris: Calmann-Lévy, 1976.

5 Robert Castel. Metamorfoses da questão social: uma crônica do salário. Petrópolis: Vozes, 1998.

6 Karl Marx. O capital. Crítica da economia política. Livro I: O processo de produção do capital. São Paulo: Boitempo, 2013.

7 Para mais detalhes, ver David Harvey. O novo imperialismo. São Paulo: Loyola, 2004.

A pulsão plebeia 27

Se, na Europa ocidental e nos Estados Unidos, décadas de institucionalização de direitos sociais mitigaram a condição estruturalmente precária do trabalho assalariado por meio da integração da fração masculina, branca, adulta, nacional e sindicalizada da classe trabalhadora ao ciclo da transferência de parte dos ganhos de produtividade aos salários, a transformação de um longo período de crescimento lento em uma crise econômica sistêmica em escala global trouxe novamente à baila a precariedade como condição social inerente à mercantilização do trabalho.

A propósito, a ausência de um sentido de carreira, de identidade profissional segura e de direitos trabalhistas é um traço que, *grosso modo*, acompanhou a industrialização do Sul global: basta lembrarmos o apartheid sul-africano, a ditadura militar brasileira ou as "maquilas" mexicanas. No Brasil, a precariedade da reprodução da força de trabalho é uma característica estrutural do fordismo periférico que continua presente ainda hoje. Para efeitos ilustrativos, entre 2003 e 2010, um período marcado por crescimento econômico com formalização do emprego, a atual taxa de informalidade do trabalho no Brasil ainda era de 44%.[8] Vale lembrar que, no sul da Europa, mesmo após cinco anos de forte crise econômica com ampliação do desemprego e precarização do trabalho, essa taxa gravita em torno de 20%.[9]

Uma mirada na formação do precariado europeu de uma perspectiva brasileira talvez seja útil para problematizar aquela que constitui a grande contribuição de Standing ao debate público contemporâneo: o alerta sobre a natureza "perigosa", isto é, filofascista, dessa nova classe. De fato, o autor constrói ao longo do livro uma imagem do precariado como uma classe alienada, ansiosa, insegura, infantilizada, oportunista, cínica, passiva e detentora de um estado psíquico nebuloso. Não é

---

8   Instituto Brasileiro de Geografia e Estatística (IBGE). *Estudos e Pesquisas.* Informação demográfica e socioeconômica, Brasília, n. 27, 2010, p. 251.

9   Virginie de Romanet. "Portugal: Les conséquences dramatiques de l'austérité imposée par la Troïka". *Comité pour l'Annulation de la Dette du Tiers Monde,* 14 mar. 2012. Disponível em: <http://cadtm.org/Portugal-Les-consequences>. Acesso em: 26 ago. 2014.

28   Ruy Braga

de se estranhar, portanto, que, do ponto de vista político, o precariado seja considerado uma presa fácil dos apelos neopopulistas, e potencialmente hostil ao regime democrático.

Gostaria de me deter por um instante neste ponto, qual seja, a "política do precariado". Por um lado, se Standing nitidamente acerta ao destacar os jovens recém-chegados ao mercado de trabalho, especialmente os estagiários e operadores de telemarketing, como o grupo mais representativo entre os que irão desenvolver uma trajetória ocupacional frustrante e apartada daquela bem mais estável verificada por seus pais, por outro, sua caracterização a respeito da relação desses jovens com os sindicatos merece um olhar mais detido. Em suma, o autor identificou uma postura socialmente ressentida e politicamente antissindical por parte do precariado europeu.

A razão da hostilidade ao movimento trabalhista dever-se-ia, sobretudo, ao fato de os trabalhadores jovens, politicamente inexperientes e submetidos à precarização do emprego considerarem praticamente impossível organizar-se sindicalmente nos locais de trabalho. Assim, o precariado associaria os sindicatos aos "privilégios" reservados aos assalariados mais velhos que ainda desfrutam de alguma proteção social garantida pelas formas tradicionais de negociação coletiva.

Finalmente, gostaria de apresentar uma breve ponderação crítica a respeito da principal proposta apresentada por Guy Standing para transformar *"denizens"* em *"citizens"*, isto é, a Renda Básica Universal (uma quantia em dinheiro paga incondicionalmente a cada cidadão pertencente a determinada região). Em seu novo livro, em especial no artigo intitulado "Move towards a universal basic income", Standing reitera a necessidade de substituirmos a agenda sindical por uma nova agenda de segurança econômica e mobilidade social apoiada sobre uma ampla reforma das políticas públicas, cujo vértice seria a Renda Básica Universal.[10]

---

10   Guy Standing, A *Precariat Charter*: From Denizens to Citizens (Londres, Bloomsbury, 2014).

Desde logo, é necessário deixar claro que não sou, em absoluto, contrário à implementação de políticas de garantia incondicional de renda. Na realidade, meu argumento vai na direção de afirmar que esse tipo de agenda, ao menos no caso brasileiro, não atende às demandas levantadas pelo precariado no recente ciclo de protestos sociais que tomaram conta do país desde junho de 2013. Afinal, se exercer pressão sobre as autoridades em benefício da Renda Básica Universal parece ser o papel político reservado ao precariado por Standing, a questão de saber até que ponto essa solução política satisfaz os interesses do precariado torna-se decisiva.

Desde o dia 8 de janeiro de 2004, o Brasil comprometeu-se, por meio do Programa Bolsa Família (PBF), a universalizar, começando pela população pauperizada, a política de Renda Básica. E, de fato, muitos estudiosos brasileiros têm demonstrado com abundância de dados que o PBF revelou-se largamente eficiente em resgatar as famílias da condição de extrema pobreza. Na última década, além de ajudar na redução da desigualdade de renda, alterando significativamente a norma social do consumo das famílias pauperizadas, o PBF foi o principal responsável pela diminuição da taxa de extrema pobreza no país, que passou, entre 2001 e 2011, de 8% para 4,7% da população brasileira.

Apenas entre 2003 e 2013, os gastos federais com o PBF saltaram de 7,5 para 24,7 bilhões de reais, com foco em 16 milhões de famílias em situação de extrema pobreza. O benefício básico é de 77 reais e alcança quase 60 milhões de cidadãos. Em acordo com a proposta de Standing, a lei brasileira prevê que o benefício do PBF seja ampliado para todas as famílias brasileiras, independentemente de seu nível de renda. Assim, para distribuir 70 reais para cada família brasileira, seriam necessários 82 bilhões de reais por ano, o que obrigaria o governo a multiplicar os gastos assistenciais dos atuais 3,15% do orçamento executado em 2012 para algo em torno de 10,5%.[11]

---

11 Walquíria Leão Rego e Alessandro Pinzani. *Vozes do Bolsa Família*: autonomia, dinheiro e cidadania. São Paulo: Editora Unesp, 2014.

Trata-se, como é possível perceber, de uma elevação marcante dos gastos sociais. Afinal, como os demais gastos com previdência, saúde, educação e as transferências para os estados e municípios são definidos constitucionalmente, o governo seria obrigado a avançar sobre os gastos com juros e amortizações da dívida pública, que atualmente consomem 43,98% do orçamento geral da União.[12] Dispensável dizer que isso lançaria a sociedade brasileira em uma encarniçada luta redistributiva entre as classes.

Evidentemente, não vejo problema algum em avançar sobre os gastos federais com juros e amortizações da dívida pública. No entanto, caberia uma questão: se a agenda de segurança econômica e mobilidade social apoiada sobre a Renda Básica Universal implica lançar a sociedade em uma luta contra o sistema financeiro, por que razão o precariado brasileiro deveria se mobilizar em torno de uma modestíssima quantia de 70 reais por família, em vez de uma pauta centrada na elevação dos gastos com saúde, educação e mobilidade urbana? Aliás, foi exatamente em torno dessas demandas que milhões de jovens trabalhadores precarizados saíram às ruas no ano passado durante os meses de junho e julho.[13]

Na realidade, se já não há mais grandes polêmicas a respeito da eficácia do PBF em retirar milhões de subproletários da pobreza absoluta, elevando-os à condição oficial de pobreza, o mesmo não pode ser dito a propósito do passo seguinte, isto é, garantir-lhes condições mínimas de progresso sociocupacional. Alguns estudiosos têm argumentado que o governo brasileiro não apenas aumentou os gastos sociais às expensas do investimento em saúde e educação, como, por si só, o PBF não é capaz de retirar as famílias assistidas da condição de pobreza oficial. Para tanto, seria necessária a combinação entre crescimento econômico e aumento dos gastos com educação e saúde.

---

12 Auditoria Cidadã da Dívida. "É por direitos! Auditoria da dívida já!". *Auditoria Cidadã da Dívida*, Brasília. Disponível em: <http://www.auditoriacidada.org.br/e-por-direitos-auditoria-da-divida-ja-confira-o-grafico-do-orcamento-de-2012/>. Acesso em: 26 ago. 2014.

13 Ver Ricardo Antunes e Ruy Braga. "Los días que conmovieron a Brasil. Las rebeliones de junio-julio de 2013". *Herramienta*, Buenos Aires, n. 53, jul.-ago. 2013, p. 9-21.

A pulsão plebeia 31

Não caberia aqui reavivar o amplo debate travado no Brasil entre os defensores das políticas universais e os advogados das políticas focalizadas. Em termos de políticas públicas, parece-me razoável a perspectiva segundo a qual a focalização é entendida como critério de priorização dentro de um esquema universalista, em uma estratégia de "focalização no universalismo". Ou seja, a diminuição crescente das desigualdades sociais suporia uma articulação entre as estratégias na qual o PBF incidiria sobre a diminuição da pobreza extrema, e as políticas universais sobre a pobreza oficial.[14]

A experiência brasileira permite afirmar que o PBF de fato contempla parte dos interesses do subproletariado vitimado pela extrema pobreza. No entanto, o mesmo não pode ser dito a respeito do jovem precariado urbano submetido às péssimas condições de trabalho, às intermitências do emprego e à dura realidade dos baixos salários. Para esses trabalhadores, os gastos universais com saúde, educação e mobilidade urbana são largamente prioritários, na medida em que consolidam direitos e fortalecem a articulação entre a elevação das qualificações e o aumento da proteção social.

Em minha opinião, Standing passa rápido demais sobre a questão de saber se realmente o precariado europeu deseja abraçar a Renda Básica Universal como uma bandeira de mobilização, em detrimento da conservação dos direitos sociais a que seus pais tiveram acesso. Essa suposição levou-o a subestimar a capacidade de auto-organização do precariado, além de obnubilar uma visão mais totalizante das formas de representação política associadas aos interesses do precariado.

Em suma, Standing considera que, nas atuais condições marcadas pela globalização capitalista e pelo enfraquecimento dos sindicatos e dos partidos social-democratas tradicionais, apenas como parte da governança das agências sociais e econômicas é que o precariado poderá

---

14 Para mais detalhes, ver Renata Mirandola Bichir. "O Bolsa Família na berlinda? Os desafios atuais dos programas de transferência de renda". *Novos Estudos Cebrap*, São Paulo, n. 87, jul. 2010, p. 115-29.

32 Ruy Braga

ser bem representado. Para tanto, advoga que as esferas de formulação de políticas públicas devam ser democratizadas com a presença de representantes da "nova classe". Evidentemente, não sou contra a democratização do aparelho de Estado. No entanto, se levarmos em conta a experiência brasileira recente, não percebemos nenhuma razão verdadeiramente crível para que o precariado assuma a defesa da Renda Básica Universal como sua bandeira prioritária de mobilização. Na verdade, e esta é uma das principais lições das chamadas Jornadas de Junho, a automobilização em defesa dos direitos da cidadania continua definindo o horizonte de intervenção política dos jovens trabalhadores precarizados no país.

Em seu livro, ao tentar "inspirar a ação" do precariado por meio de uma "agenda política alternativa a uma democracia utilitarista",[15] Standing decidiu confinar a práxis política do precariado ao campo da reforma das políticas públicas. É evidente que pressionar as autoridades no sentido de iniciativas mais afinadas com seus interesses parece-me algo necessário à educação política do precariado. Porém, se desejamos apreender a diversidade concreta de suas formas contemporâneas de auto-organização, seja no Brasil ou em Portugal, limitar a ação coletiva desse grupo a essa pressão parece um tanto insuficiente. Esse é o argumento desenvolvido a seguir.

Precariado e ação coletiva no Brasil e em Portugal

Ao elaborar seu diagnóstico sociológico e sua agenda política, Standing optou por afastar o precariado tanto dos demais grupos da classe trabalhadora quanto do movimento sindical. Se, como afirma o autor, os sindicatos estão condenados ao desaparecimento, é evidente que eles não podem propor soluções capazes de fortalecer a universalização dos direitos sociais e enfrentar a precarização do trabalho. Mas até que ponto a desconstrução analítica da relação entre o precariado,

---

15 Guy Standing. O *precariado, op. cit.*, p. 89.

A análise da *relação entre o amadurecimento da experiência política do precariado e as dinâmicas recentes do sindicalismo* no Brasil e em Portugal pode ser útil na tentativa de esboçar respostas a essas questões. Naturalmente, não estou afirmando que tais casos refletem a totalidade dessa relação. No entanto, eles podem ajudar a relativizar tanto a concentração dos exemplos citados por Standing em países capitalistas avançados quanto seu excessivo pessimismo relativo às inclinações autoritárias do precariado. Tendo em vista a natureza complementar de suas diferenças sociológicas, assim como a convergência em torno de certos atributos políticos, a comparação entre esses casos pode ser útil para enriquecermos o debate acerca da natureza da política do precariado.

Brasil

Um fato curioso é que, em 2004, quando iniciei minha pesquisa de campo a respeito dos operadores de telemarketing em São Paulo, eu próprio tinha expectativas bastante semelhantes às de Standing no tocante à consciência sindical desses jovens trabalhadores. E como poderia ser diferente se, nesse setor, prevaleciam os baixos salários, os contratos temporários, a alta rotatividade, a hostilidade aos sindicatos, a inexperiência política e os desejos individualistas de consumo? No entanto, conforme a pesquisa evoluiu, fui me dando conta de que uma realidade diferente prevalecia ali. Em certa medida, essa percepção modificou-se com as metamorfoses da própria indústria brasileira do *call center*.

O notável crescimento do telemarketing, em especial na cidade de São Paulo, não é nenhum segredo. Para ilustrar sua importância, bastaria dizer que, com cerca de 1,4 milhão de teleoperadores, essa indústria acantona o segundo maior contingente ocupacional do país, perdendo apenas para os empregados domésticos (com cerca de 7,2 milhões de trabalhadores).[16] Dispensável dizer que condições muito precárias de emprego prevalecem no *call center*. Exatamente porque tal indústria não necessita, em termos gerais, de uma força de trabalho especialmente qualificada, as empresas beneficiam-se de um regime de relações de trabalho apoiado em elevadas taxas de rotatividade.

Aliás, o ciclo ao qual o trabalhador está submetido é bastante conhecido pelas empresas: em geral, o teleoperador necessita de dois a três meses de experiência para se tornar proficiente no produto. Trata-se de um período estressante, pois o desempenho médio exigido dificilmente é alcançado pelo trabalhador ainda inexperiente. Após esses primeiros meses, o teleoperador encontra-se apto a alcançar as metas, advindo um período de, aproximadamente, um ano, ao longo do qual ele obtém certa satisfação residual em razão do domínio da atividade.

No entanto o endurecimento das metas, a rotinização do trabalho, o despotismo dos coordenadores de operação, os baixos salários e a negligência por parte das empresas quanto à ergonomia e à temperatura do ambiente promovem o adoecimento, alimentando o desinteresse pelo trabalho. Nessa fase, o teleoperador deixa de "dar o resultado", sendo demitido e substituído por outro, que recomeçará o mesmo ciclo. Evidentemente, a alta taxa de rotatividade de – cerca de 42% no setor[17] – produz um acentuado descontentamento entre os teleoperadores, em especial entre os mais experientes.

A despeito de seus notáveis esforços individuais em ascender profissionalmente, seja frequentando uma faculdade particular noturna (quase um terço do total de teleoperadores de nossa amostra declarou estar cursando o ensino superior), seja por meio das tentativas de progredir para funções superiores no interior da própria empresa, em raras ocasiões os teleoperadores aumentam significativamente seus salários

---

16 Ver Marta Cavallini. "Telemarketing emprega 1,4 milhão no país". *O Globo*, Rio de Janeiro, 7 out. 2012; e Vivian Codogno. "OIT avalia situação global de trabalhadores domésticos". *O Estado de S. Paulo*, 28 out. 2013.

17 Ver Departamento Intersindical de Estatística e Estudos Socioeconômicos (Dieese). *Rotatividade setorial*: dados e diretrizes para a ação sindical. São Paulo, Dieese, 2014.

ou incrementam suas condições de trabalho. E como poderia ser diferente se, durante a última década, 94% dos empregos formais criados no país pagam até 1,5 salário mínimo?[18] O descontentamento observado durante as entrevistas só não foi maior porque o setor está em permanente renovação, por meio da chegada de grandes contingentes de trabalhadores jovens em busca do primeiro emprego no mercado formal de trabalho.

De fato, para muitas teleoperadoras entrevistadas, a sensação de progresso ocupacional encontra-se fortemente associada à *transição da informalidade para a formalidade*. No telemarketing, esses jovens perceberam a oportunidade tanto de 1) alcançar direitos trabalhistas, quanto de 2) terminar a faculdade particular noturna que o trabalho doméstico, devido à incerteza dos horários, aos baixíssimos salários e à baixa intensidade dos direitos, é incapaz de prover. No entanto o acúmulo de experiências com o regime de mobilização permanente da força de trabalho faz com que esses trabalhadores desenvolvam comportamentos críticos em relação às empresas. Esses comportamentos são a base instrumental para sua aproximação aos sindicatos.

De fato, o que aconteceria se, aos olhos do jovem precariado paulistano, em vez de representar os privilégios inalcançáveis da geração anterior, os sindicatos anunciassem a possibilidade de efetivar direitos sociais que foram negados a seus pais? Foi exatamente essa a realidade que encontrei ao estudar a relação dos teleoperadores com o movimento sindical. Apesar de sua inexperiência política, esses trabalhadores buscam no sindicalismo apoio para suas reivindicações trabalhistas. E como poderia ser diferente se, no setor, tende a imperar a dura realidade dos baixos salários, da alta rotatividade, do adoecimento, do assédio moral etc.?

O aprofundamento da experiência com o regime de trabalho despótico da indústria do *call center* promove não apenas comportamentos

---

18 Marcio Pochmann. *Nova classe média?* O trabalho na base da pirâmide salarial brasileira. São Paulo: Boitempo, 2012.

36   Ruy Braga

críticos em relação às empresas, como também desenvolve formas embrionárias de consciência de classe que são elaboradas pelos sindicatos. Estes empreenderam um notável esforço a fim de se aproximar dos trabalhadores dessa indústria. Mapeando as características de gênero, raça, idade e orientação sexual, o movimento sindical no setor, em especial o Sindicato dos Trabalhadores em Telemarketing (Sintratel), reconfigurou sua agenda, diversificando-a a ponto de inovar em inúmeras frentes.[19]

Além de, há vários anos, destacar-se na organização e participação, por meio de suas campanhas de sindicalização, da Parada do Orgulho LGBT de São Paulo, o Sintratel desenvolveu iniciativas junto à Secretaria de Direitos Humanos da Presidência da República, em conjunto com o Ministério Público do Trabalho, a fim de coibir o assédio sexual nas empresas e combater a discriminação racial. Por fim, o sindicato tem estado presente no Fórum Social Mundial, ocasião em que começou a organizar campanhas internacionais de solidariedade a países onde a Atento, a maior empresa de telemarketing do mundo, mantém operações.

O sucesso desse esforço pode ser medido pelo aumento do número de greves e paralisações de teleoperadores em São Paulo. De fato, praticamente inexistentes há dez anos, os movimentos grevistas no setor desenvolveram-se a ponto de se destacar nas greves nacionais bancárias. Entre 2008 e 2012, ocorreram quatro greves nacionais dos trabalhadores bancários com efetiva participação dos teleoperadores. Apenas em 2012, a greve bancária atingiu um pico de 280 mil trabalhadores parados, prolongando-se por dez dias.[20]

---

19   Como indicado em outra ocasião, os principais sindicatos que atuam no setor de telemarketing decidiram participar da organização da Parada do Orgulho LGBT (sigla para lésbicas, gays, bissexuais, travestis, transexuais e transgêneros) de São Paulo, animando um dos blocos mais tradicionais do desfile. Para mais detalhes, ver Ruy Braga *et al.* "Social Movement Unionism and Neoliberalism in São Paulo, Brazil: Shifting Logics of Collective Action in Telemarketing Labor Unions". *Societies without Borders*, v. 6, n. 1, 2011, p. 73-101.

20   Dieese, *Estudos e Pesquisas*. Balanço das Greves em 2012, n. 66, maio 2013.

Portugal

Um contra-argumento legítimo seria invocar a excepcionalidade do caso brasileiro a fim de mitigar a força desse exemplo. Afinal, há dez anos o país é governado pelo Partido dos Trabalhadores (PT), e a crise internacional não teria atingido o país como na Europa. Mesmo com uma taxa de crescimento abaixo da média dos anos 2000, a estrutura social do Brasil continua a criar empregos formais todos os anos.[21] Exatamente por isso, gostaríamos de invocar outro estudo de caso, o de Portugal, para pensarmos a suposta incompatibilidade política identificada por Standing entre o precariado e o movimento sindical.

Trata-se de um exemplo emblemático do crescimento do precariado motivado pela crise econômica mundial. Desde o segundo trimestre de 2008, a taxa de desemprego aumenta ininterruptamente no país, e as relações trabalhistas estão sendo submetidas a condições cada vez mais precárias. Segundo as estatísticas oficiais do emprego produzidas pelo Instituto Nacional de Estatística (INE) português, a força de trabalho do país no quarto trimestre de 2012 era de 5,455 milhões de pessoas, menor 1,3% (72.200 pessoas) em relação ao trimestre anterior. A taxa de atividade da população em idade de trabalhar (acima de 15 anos) foi de 60,5%, e a taxa de desemprego foi de 16,9%. Há três anos a taxa de desemprego está acima dos 10%.[22] (Ver Gráfico 1)

---

21 Laís Alegretti e Anne Warth."Criação de emprego em 2013 é a menor em 10 anos". *O Estado de S. Paulo*, 21 jan. 2014.

22 O aumento da taxa de desemprego em Portugal não parece dar sinais de fadiga. Para o ano de 2014, a Organização para a Cooperação e Desenvolvimento Econômico (OCDE) previu que a taxa de desemprego portuguesa seria de 18,6%. Para mais detalhes, ver Ana Rute Silva. "OCDE prevê 18,6% de desemprego em Portugal em 2014". *Público*, Lisboa, 16 jul. 2013. Vale ainda lembrar que a metodologia utilizada pelo INE não contabiliza o subemprego de trabalhadores em tempo parcial e os inativos disponíveis como desempregados. Caso acrescentássemos essas populações, a taxa de desemprego em Portugal saltaria para 29,64% em 25 de fevereiro de 2014. Para mais detalhes, ver o contador criado pelo Movimento Sem Emprego (MSE) com base em estudo elaborado pelo economista Eugénio Óscar Garcia da Rosa, disponível em: <http://www.movimentosememprego.info/>. Acesso em: 25 fev. 2014.

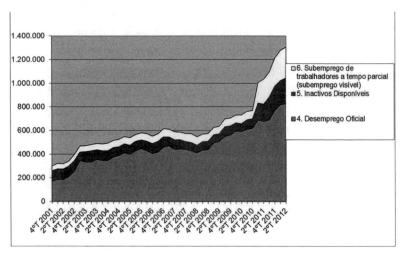

Gráfico 1 – Desemprego (por parcelas e em valores absolutos)

O número de desempregados de longa duração – isto é, trabalhadores à procura de emprego há mais de um ano – chegou aos 10% (um aumento de 7,4% em relação ao trimestre anterior). Em maio de 2013, a taxa de desemprego entre os mais jovens (15-24 anos) alcançou o patamar histórico de 42,5%, aumento de 3,6% em relação ao ano anterior. No entanto o grau de qualificação da força de trabalho, especialmente entre os jovens, também aumentou. No ano letivo de 2011-2012, a taxa de escolarização do ensino superior (alunos com idade entre 18 e 22 anos inscritos no ensino superior) era de 32,2%, pouco mais que o dobro da taxa verificada em 1994-1995 (15,1%). Um significativo acesso à internet coroou o aumento de escolarização: em 2011, 58% das famílias portuguesas acessavam a internet, 56,6% por meio de banda larga.[23]

---

23 Todos os dados extraídos do Anuário Estatístico de Portugal (2011) e citados por Ana Rajado. "A força de trabalho em Portugal 2010-2011: breve descrição". In: Raquel Varela (org.). *A segurança social é sustentável*: Trabalho, Estado e segurança social em Portugal. Lisboa: Bertrand, 2013. Para os jovens, praticamente não há perspectiva de contratação que não seja por meio de vínculos intermitentes. Para mais detalhes, ver Elísio Estanque e Hermes A. Costa. "Labour relations and social movements in the 21st century". In: Denis Erasga (ed.). *Sociological Landscapes*: Theories, Realities and Trends. Rijeka: Intech, 2012.

A pulsão plebeia   39

Como resultado, temos uma juventude mais escolarizada e submetida ao desemprego e ao subemprego.

Em larga medida, o aumento do desemprego e do subemprego, em especial entre os trabalhadores jovens, resulta das medidas de austeridade negociadas pelo país com a Troika (isto é, a Comissão Europeia, o Banco Central Europeu e o Fundo Monetário Internacional). Em Portugal, as reformas laborais orientadas por medidas de aumento da austeridade sobre o trabalho podem ser classificadas em três grandes subconjuntos: as medidas de natureza tributária, as medidas de eliminação ou redução da proteção social e, finalmente, as medidas de natureza propriamente laboral, em especial a alteração do Código do Trabalho. Desde que essas medidas começaram a ser implementadas no país, no final de setembro de 2010, ocorreram cortes salariais entre 3,5% e 10% dos funcionários públicos com salários superiores a 1.500 euros, houve corte de 50% nos subsídios de Natal em 2011, além da supressão de subsídios de férias e Natal, em 2012 e 2013, para os funcionários públicos e pensionistas.[24]

Nessa mesma direção, foram eliminadas promoções e progressões na carreira, aumentou-se a carga fiscal, especialmente sobre consumidores e assalariados, além de desvalorizar-se o papel dos sindicatos na contratação coletiva. Os principais efeitos das medidas de austeridade incidiram sobre a deterioração progressiva do poder de compra dos salários, a flexibilização do mercado de trabalho, o aumento do tempo de trabalho não pago – sobretudo, por meio de medidas de redução do número de dias feriados, redução do período de férias e eliminação dos descansos compensatórios. Além disso, é possível identificar como efeitos das medidas de austeridade sobre o trabalho em Portugal: a redução do preço pago por determinadas

---

24 Elísio Estanque, Hermes A. Costa e José Soeiro. "The New Global Cycle of Protest and the Portuguese Case". *Journal of Social Science Education*, Bielefeld, v. 12, n. 1, 2013.

40   Ruy Braga

prestações de trabalho, a redução dos custos de demissão, além da redução da retribuição do trabalho suplementar.[25]

Devido ao aumento do desemprego, somado à desvalorização do papel dos sindicatos na contratação coletiva, o movimento sindical português tem sofrido certa erosão das bases de participação, expressa no declínio da taxa de sindicalização: de 21,2%, em 2005, a taxa recuou para 17,3%, em 2012. Porém o mesmo não se pode afirmar sobre a disposição combativa do sindicalismo português. Se, entre 2002 e 2007, tanto o número de trabalhadores em greve (de 320,8 mil para 294,7 mil) quanto o número médio de jornadas não trabalhadas (de 1,3 para 1,0) declinaram em Portugal, entre 2010 e 2012, ao contrário, o número de trabalhadores grevistas recuperou-se, indo de 575,5 mil para 727 mil, e o número médio de jornadas não trabalhadas retornou ao patamar do início da década de 2000, indo, entre 2010 e 2013, de 1,0 para 1,3.[26]

A aceleração do ritmo da atividade do movimento sindical em Portugal é também visível no número de greves gerais organizadas pelas centrais sindicais desde o início da crise econômica. Antes de 2010, a última greve geral convocada pela Central Geral dos Trabalhadores Portugueses (CGTP) – e sem contar com o apoio da União Geral dos Trabalhadores (UGT) – havia ocorrido em 10 de dezembro de 2002. Desde então, a CGTP e a UGT deflagraram, em conjunto, greves gerais em 24 de novembro de 2010, 24 de novembro de 2011 e 27 de junho de 2013. Ou seja, as centrais sindicais chamaram conjuntamente, em três anos, mais greves gerais que nas três décadas anteriores!

---

25   Em seu conjunto, essas medidas diminuíram o valor da força de trabalho, aumentando as transferências de valor do trabalho para as empresas e restabelecendo uma taxa de lucro aceitável para os mercados financeiros. Para mais detalhes, ver dados citados por Jorge Leite et al. "Austeridade, reformas laborais e desvalorização do trabalho". *A anatomia da crise*: Identificar os problemas para construir as alternativas (1º relatório, preliminar, do Observatório sobre Crises e Alternativas), Coimbra, CES-UC, 2014, no prelo.

26   Para mais detalhes, ver Base de Dados Portugal Contemporâneo (Pordata). Disponível em: <http://www.pordata.pt>. Acesso em: 23 fev. 2014.

Certos especialistas consideram que, ao invés de uma revitalização do ativismo sindical, a multiplicação das greves gerais testemunharia, na realidade, o aprofundamento da crise sindical. Afinal, tendo em vista a soma da superfluidade da política de concertação social em um momento marcado, sobretudo, por medidas de austeridade, com a diminuição da taxa de sindicalização, especialmente notável entre os trabalhadores mais jovens, não restariam muitas opções ao movimento sindical além de aumentar sua presença pública por meio, especialmente, de greves gerais. Assim:

> Em vez de unir, a crise tem tendencialmente exacerbado as divergências estratégicas das correntes dominantes no movimento sindical português. [...] Embora a divisão política e a politização dificultem a aproximação das organizações à base, do nosso ponto de vista existem problemas subjacentes à *construção da ação coletiva* que são decisivos para explicar a ineficácia da atuação de ambas as correntes em causa – a União Geral dos Trabalhadores (UGT) e a Confederação Geral dos Trabalhadores Portugueses (CGTP). [...] A orientação de protesto político da CGTP carece de capacidade mobilizadora de massas críticas de trabalhadores e de capacidade de parar o trabalho decisivamente (além de serviços e transportes públicos) quando lança as suas frequentes convocatórias para greves gerais e sectoriais.[27] (grifo do autor)

Inegavelmente, o movimento sindical português atravessa um momento de crise. A taxa de sindicalização continua diminuindo e, desde a intervenção da Troika, a política de concertação social, nas palavras dos líderes das duas principais centrais sindicais,

---

27 Alan Stoleroff. "A crise e as crises do sindicalismo: Há uma revitalização possível?". In: Raquel Varela (org.). A *segurança social é sustentável*: Trabalho, Estado e segurança social em Portugal. Lisboa: Bertrand, 2013, p. 213-4.

transformou-se em uma "formalidade" (Carlos Silva, UGT) ou "mero pró-forma de propaganda" (Arménio Carlos, CGTP).[28] Na atual conjuntura, as empresas e o governo simplesmente não veem razões para negociar com os sindicatos. Além disso, é bem verdade que a divisão do movimento sindical português é profunda e histórica. De maneira geral, os estilos antagônicos de ação coletiva adotados pelas duas principais centrais – marcadamente "participativo" no caso da UGT e mais "contestador" no caso da CGTP – refletem não apenas o padrão de institucionalização do sindicalismo em Portugal após 1930, mas, sobretudo, a nova estrutura de contradições sociais que emergiu na sociedade portuguesa com a Revolução dos Cravos.[29]

O antagonismo entre os dois estilos de ação coletiva adotados pela CGTP e pela UGT torna-se ainda mais saliente com a aproximação entre essas centrais durante o atual ciclo grevista. Ao que tudo indica, isso se deve tanto ao colapso da política de concertação social em grande parte motivado pelas medidas de austeridade, quanto pelo aprofundamento da crise econômica em Portugal.

No entanto, se era de se esperar que o aumento do desemprego e da precarização do trabalho, somado ao enfraquecimento do poder de negociação coletiva dos sindicatos, fosse decretar o fim das greves, verificamos tanto uma recuperação do número de trabalhadores grevistas quanto do número de horas paradas.

Interpretar a relação entre o movimento sindical português e os jovens trabalhadores precarizados implica considerar as incertezas próprias a essa nova conjuntura marcada por certas reorientações pouco usuais. Alguns pesquisadores do movimento sindical português têm apontado para essa direção:

---

28 Ver Sara Rodrigues e Emília Caetano. "Dez minutos... e adeus!". *Visão*, Paço de Arcos, n. 1.094, 20 fev. 2014, p. 40-2.

29 Para mais detalhes sobre os diferentes estilos de ação sindical em Portugal, ver Hermes A. Costa. "Do enquadramento teórico do sindicalismo às respostas pragmáticas". In: Elísio Estanque e Hermes A. Costa (orgs.). *O sindicalismo português e a nova questão social*: crise ou renovação?. Coimbra: Almedina, 2011.

A pulsão plebeia 43

Os responsáveis sindicais têm vindo a reconhecer a necessidade de incorporar mais jovens e mais mulheres nos seus quadros como forma de se renovarem tanto "para dentro" (na organização) como "para fora" (na imagem que criam na opinião pública). Da mesma forma que estão atentas às necessidades de sindicalização, tanto as lideranças da CGTP como as da UGT parecem cientes da necessidade de dar espaço acrescido a departamentos-secções internas como a Comissão de igualdade entre homens e mulheres, a Interjovem ou a Inter-reformados (no caso da CGTP), ou como a comissão de mulheres ou de juventude (no caso da UGT).[30]

Além disso, há que se levar em conta a *presença pública* que o sindicalismo em Portugal busca construir, em grande medida, como uma possível alternativa à perda de capacidade de negociação coletiva nos espaços privados ou junto ao governo. É inevitável que, mesmo no caso da UGT, uma central tradicionalmente refratária às greves e às mobilizações dos trabalhadores, essa conjuntura realce a *dimensão conflitiva* do movimento sindical:

A manifestação convocada pela CGT contra a política econômica do governo em 18.11.2007 e que reuniu 200.000 pessoas; a manifestação de 300.000 pessoas que, em 29.05.2010 protestou contra as medidas de austeridade econômica decididas pelo governo; ou ainda, na mesma linha, a greve geral de 24.11.2010 convocada conjuntamente pela CGTP e pela UGT e que apresentou níveis de adesão bastante elevados (mais de 3.000.000 de trabalhadores segundo as centrais), muito em especial no sector dos transportes, saúde, educação

---

30 Hermes A. Costa. "Do enquadramento teórico do sindicalismo às respostas pragmáticas", *op. cit.*, p. 43.

e administração pública, são apenas alguns exemplos [dessa dimensão conflitual].[31]

E qual tem sido a reação dos jovens trabalhadores precarizados portugueses relativamente tanto à flagrante ampliação do desemprego e do subemprego quanto às respostas do movimento sindical tradicional ao aprofundamento da crise econômica? Standing estaria certo em seu diagnóstico a respeito da hostilidade desses trabalhadores em relação aos sindicatos? Ou existiram vias *alternativas*, até mesmo *colaborativas*, a essa alegada hostilidade envolvendo a juventude precarizada e o sindicalismo português?

Esboçar respostas a essas questões implica, antes de tudo, reconhecer que a Primavera Árabe, o Occupy Wall Street nos Estados Unidos, o 15M e o movimento dos Indignados na Espanha restabeleceram, em escala mundial, o protagonismo político dos jovens.[32] As transformações do trabalho e questões materiais readquiriram uma nítida centralidade no atual ciclo de mobilizações sociais. Problemas relativos à precarização do emprego e ao aumento das incertezas em relação ao futuro, assim como protestos contra a ampliação das desigualdades de renda em escala mundial, são particularmente salientes nesses movimentos, mesclando-se à decepção quanto aos sistemas políticos tradicionais e à crise de legitimidade das classes dominantes tradicionais.

Além disso, os atuais movimentos utilizam-se amplamente do Facebook como meio de organizar a mobilização social. No caso de Portugal, apesar de importantes iniciativas anteriores, é possível afirmar que a manifestação batizada de Geração à Rasca foi o

---

31 *Ibidem*, p. 45.

32 Isabel Ortiz e outros levantaram dados e classificaram demandas de 843 protestos protagonizados, especialmente, por grupos jovens, que aconteceram entre janeiro de 2006 e julho de 2013 em 87 países. Para mais detalhes, ver Isabel Ortiz *et al.* "World Protests 2006-2013". *Initiative for Policy Dialogue*, Nova York, Friedrich-Ebert-Stiftung, set. 2013.

evento que inaugurou o novo ciclo.[33] A história é bastante conhecida, mas vale a pena relembrar: inspirados pela execução da canção "Parva que sou", do grupo de fado-rock Deolinda, no Coliseu do Porto, Alexandre Carvalho, António Frazão, João Labrincha e Paula Gil decidiram organizar um evento no Facebook cujo manifesto convocou jovens desempregados, "quinhentoseuristas", subcontratados, contratados a prazo, falsos trabalhadores independentes, trabalhadores intermitentes, estagiários, bolsistas e trabalhadores-estudantes a protestarem em Lisboa – e, posteriormente, na cidade do Porto – para reivindicar melhores condições de trabalho, no dia 12 de março de 2011.

O sucesso da manifestação foi enorme, com cerca de 300 mil manifestantes em Lisboa, além de 80 mil no Porto.[34] A partir de então, grupos de militantes e simpatizantes de partidos políticos – tais como o Bloco de Esquerda e o Partido Comunista Português –, além de movimentos ligados ao trabalho precário (como a Associação Precários Inflexíveis, os Professores Contratados e Desempregados, a Comunidária), contra a discriminação (como o SOS Racismo, Plataforma Gueto, Panteras Rosas), grupos feministas e de combate à pobreza organizaram um poderoso movimento de protesto social intitulado *Que se Lixe a Troika!*, cujas duas manifestações, ocorridas nos dias 15 de setembro de 2012 e 2 de março de 2013, reuniram cada uma mais de 1 milhão de pessoas nas principais cidades do país.

O amadurecimento político e a radicalização dessa nova etapa de um movimento que havia se declarado inicialmente "apartidário, laico e pacífico" foram notados por diferentes estudiosos.[35] Da Geração à Rasca ao Que se Lixe a Troika!, uma nítida

---

33 Para mais detalhes, ver Elísio Estanque, Hermes A. Costa e José Soeiro. "The New Global Cycle of Protest and the Portuguese Case", *op. cit.*

34 Para mais detalhes, ver Ana Filipa Pinto. *À Rasca*: o retrato de uma geração. Lisboa: Planeta, 2011.

35 Para mais detalhes, ver João Camargo. *Que se lixe a Troika!*. Porto: Deriva, 2013.

politização discursiva acompanhou as tentativas de ampliação das bases de apoio ao movimento, sobretudo na direção de uma maior aproximação com o movimento sindical. O conteúdo do texto convocatório lançado nas redes sociais em 27 de agosto de 2012, dia anterior à chegada da missão da Troika em Portugal, ilustra esse desenvolvimento:

> É preciso fazer qualquer coisa de extraordinário. [...] É preciso fazer qualquer coisa contra a submissão e a resignação, contra o afunilamento das ideias, contra a morte da vontade coletiva. [...] É preciso vencer o medo que habilmente foi disseminado e, de uma vez por todas, perceber que já quase nada temos a perder e que o dia chegará de já tudo termos perdido porque nos calamos e, sós, desistimos. O saque (empréstimo, ajuda resgate, nomes que lhe vão dando consoante a mentira que nos querem contar) chegou e com ele a aplicação de medidas políticas debastadoras que implicam o aumento exponencial do desemprego, da precariedade, da pobreza e das desigualdades sociais, a venda da maioria dos ativos do Estado, os cortes compulsivos na segurança social, na educação, na saúde (que se pretende privatizar acabando com o SNS), na cultura e em todos os serviços públicos que servem as populações, para que todo o dinheiro seja canalizado para pagar e enriquecer quem especula sobre as dívidas soberanas. Depois de mais de um ano de austeridade sob intervenção externa, as nossas perspectivas, as perspectivas da maioria das pessoas que vivem em Portugal, são cada vez piores. [...] É necessário construir alternativas, passo a passo, que partam da mobilização das populações destes países e que cidadãs e cidadãos gregos, espanhóis, italianos, irlandeses, portugueses e todas as pessoas se juntem, concertando acções, lutando pelas suas

> vidas e unindo as suas vozes. [...] Este é um apelo
> de um grupo de cidadãos e cidadãs de várias áreas
> de intervenção e quadrantes políticos. Dirigimo-nos a
> todas as pessoas, coletivos, movimentos, associações,
> organizações não-governamentais, sindicatos, organi-
> zações políticas e partidárias. Dividiram-nos para nos
> oprimir. Juntemo-nos para nos libertarmos![36]

Se bem é verdade que a decisão do governo do primeiro-ministro Pedro Passos Coelho, anunciada em 7 de setembro de 2012, de aumentar em 18% a contribuição para a Segurança Social exigida aos trabalhadores do setor privado, diminuindo a contribuição cobrada às empresas, alimentou uma indignação popular generalizada, a realidade é que o engajamento de diferentes comissões de trabalhadores ameaçados pelas medidas de austeridade pressionou os sindicatos a aderir ao movimento. De fato, nas semanas anteriores ao dia 15 de setembro, as comissões de trabalhadores da empresa pública de telecomunicações RTP e da montadora de carros AutoEuropa, entre outras, declararam seu apoio à manifestação.

No dia 15 de setembro, uma massiva onda de insatisfação popular alcançou um patamar inédito no país. Em Lisboa, epicentro do terremoto político que chacoalhou o país, ao chegar à praça de Espanha, alguns dos subscritores da convocatória do dia de protesto dirigiram-se aos manifestantes nos seguintes termos:

> Amanhã estaremos presentes nas várias ações de protesto da sociedade portuguesa. Nesta etapa da nossa luta, é fundamental dar força a uma greve geral. Uma greve em que, por todo o lado, gente de todos os setores do trabalho, pessoas contratadas, precárias ou desempregadas, faça parar o país e diga de uma vez por todas: "Basta! Não somos números a engrossar contas bancárias. Temos vidas. Não somos um rebanho

---

36 *Apud* João Camargo. *Que se lixe a Troika!*, *op. cit.*, p. 81-2.

48 Ruy Braga

> manso que come e cala. Parem de brincar connosco. Parem de nos roubar o nosso trabalho e a nossa dignidade!" E é importante que seja uma greve popular. Uma greve das pessoas, para as pessoas, que são ameaçadas e chantageadas a não parar, como se fossem máquinas. Comprometemo-nos por isso a fazer todos os esforços para ajudar a construir uma greve geral popular, dinamizada pelos sindicatos, com a população e a sociedade civil, que seja capaz de parar todo o país em união contra o desastre que nos é imposto.[37]

Apenas duas semanas depois, em 29 de setembro de 2012, a central sindical CGTP deflagrou um protesto apoiado pelos organizadores do movimento Que se Lixe a Troika!, no Terreiro do Paço, em Lisboa. Em seu discurso, o presidente da CGTP, Arménio Carlos, que já estivera presente no dia 15 de setembro, convocou uma greve geral para 14 de novembro de 2012. A adesão à Greve Geral Internacional articulada principalmente pelos movimentos sindicais português e espanhol foi considerada "histórica" pelos sindicalistas, assim como a manifestação popular na tarde do mesmo dia. A meu ver, o processo de mobilização popular ocorrido em Portugal entre 15 de setembro e 14 de novembro de 2012 não apenas inaugurou uma nova conjuntura política no país, como demonstrou a viabilidade de uma aproximação colaborativa – não destituída de conflitos, é verdade – entre os sindicatos e os movimentos ligados ao trabalho precário (ver Quadro 1).

---

37 *Ibidem*, p. 96.

A pulsão plebeia 49

	Manifestações	Greves gerais
2010		24 de novembro – Central Geral dos Trabalhadores Portugueses (CGTP) e União Geral dos Trabalhadores(UGT)
2011	12 de março – Geração à Rasca 10 de outubro – CGTP 15 de outubro – Movimento 12 de Março (M12M) 24 de novembro – Movimento 15 de outubro	24 de novembro – CGTP e UGT
2012	11 de fevereiro – CGTP 15 de setembro – Que se Lixe a Troika! 29 de setembro – CGTP 14 de novembro (protesto europeu) – CGTP e Que se Lixe a Troika!	22 de março – CGTP 14 de novembro – CGTP, quatorze sindicatos e federações filiadas à UGT (protesto europeu)
2013	2 de março – Que se Lixe a Troika!, com apoio da CGTP 19 de outubro – CGTP e Que se Lixe a Troika! 26 de outubro – Que se Lixe a Troika! 1º de novembro – CGTP	27 de junho – CGTP e UGT 8 de novembro – greve do setor público convocada pelos sindicatos filiados em ambas as centrais sindicais

Quadro 1 – Manifestações e greves gerais em Portugal (2010-2013)

Fonte: Maria da Paz Campos Lima e Antonio Martin Artiles. "Descontentamento na Europa em tempos de austeridade", *Revista Crítica de Ciências Sociais*, Coimbra, n. 103, maio 2014, p. 143.

Considerações finais

Mesmo considerando a relativa desmobilização social atravessada por Portugal logo após o enorme sucesso do movimento Que se Lixe a Troika!, minha conclusão é que, quer da perspectiva dos sindicatos, quer do ponto de vista dos trabalhadores precarizados, uma certa atitude colaborativa tem, ainda que lentamente, evoluído de parte a parte. Alguns exemplos bem-sucedidos de aproximação apontam nessa direção, como a criação do Sindicato Nacional dos *Call centers*; a transformação de uma associação de trabalhadores precarizados da cultura em um sindicato, o Sindicato dos Músicos, dos Profissionais do Espectáculo e do Audiovisual, chamado de Cena; ou a recente vitória obtida pela Associação Precários Inflexíveis, no tocante ao reconhecimento pela Autoridade para as Condições de Trabalho (ACT) de que os cerca de 400 enfermeiros teleoperadores da Linha Saúde 24 eram, na verdade, falsos trabalhadores independentes e, portanto, deveriam ter seus contratos regularizados pela empresa LCS.

Existem inúmeras diferenças entre o caso brasileiro e o português. Os jovens trabalhadores no Brasil, por exemplo, lutam para efetivar direitos sociais, enquanto os portugueses mobilizam-se para conservá-los. Além disso, há muitas diferenças em termos de composição social e qualificação do trabalho separando esses jovens. Uns olham para o futuro com certo otimismo, enquanto outros vivem o pesadelo de não enxergar futuro algum. No entanto, em ambos os casos, não há evidentemente hostilidade ao regime democrático. Muito menos agressividade contra o movimento sindical. Aliás, tanto em um caso como em outro, é mais fácil perceber uma relação de mútuo reconhecimento desenvolvendo-se lentamente.

Os jovens trabalhadores cada dia mais submetidos a condições precárias de vida e trabalho reconhecem nos sindicatos potenciais aliados na luta pela ampliação de direitos sociais (Brasil) ou na defesa do Estado social (Portugal). O movimento sindical identifica no precariado um setor incontornável no fortalecimento de suas pautas mais fundamentais. Sinceramente, não parece o caso de insistir sobre uma

A pulsão plebeia   51

contradição insuperável entre os interesses sindicais e as necessidades da juventude precarizada.[38]

Finalmente, diria que os dois livros de Guy Standing dedicados ao precariado são obras fascinantes não apenas pelas questões que iluminam, mas, sobretudo, pelas polêmicas que são capazes de nutrir. A discussão sobre se o precariado é ou não uma "nova classe" apartada do proletariado e com interesses contrários ao movimento sindical é uma dessas questões que merece ser aprofundada. Afinal, estou convencido de que é da qualidade da ação coletiva desse jovem precariado global que depende o futuro dos movimentos sociais.

---

38 Ao contrário, é perfeitamente possível identificar mais convergências que divergências em termos de interesses democráticos: para além dos exemplos citados acima, bastaria lembrarmos a vitória eleitoral do partido Podemos na Espanha. Nascido dos "indignados" do 15M, em poucos meses de existência o partido elegeu cinco deputados para o Parlamento Europeu nas eleições de 25 de maio de 2014.

Rust in Peace[1]

A notícia da morte da ex-primeira-ministra britânica Margaret Thatcher não causou nenhuma comoção nacional. Ao contrário, milhares de cidadãos britânicos foram às ruas de Londres e Glasgow para celebrar abertamente o derrame cerebral que pôs um fim em sua já avançada senilidade. Pela internet, multiplicaram-se imagens de comemorações espontâneas em bares e jogos de futebol, cujo recado era um só: Thatcher não deixará saudades.

Um amigo que vive em Londres comparou o clima na manhã seguinte à morte da ex-primeira-ministra a uma hipotética vitória do Arsenal sobre o Barcelona na semifinal da Liga dos Campeões. Uma atmosfera de felicidade generalizada, apesar de contida. Morrissey, ex-vocalista da icônica banda The Smiths, fez questão de publicar um artigo no site *The Daily Beast* afirmando que Thatcher foi "Um terror sem um átomo de humanidade" e que devotava um intenso "ódio tanto às artes quanto aos pobres".[2]

---

1   Publicado no *Blog da Boitempo* em 15 de abril de 2013.

2   Morrissey. "Morrissey: "Thatcher Was a Terror Without an Atom of Humanity". *The Daily Beast*, 4 ago. 2013.

Como alguém tão odiada governou uma democracia liberal por onze anos, redefinindo a política internacional e influenciando regimes por todo o globo, em especial na América Latina? Por um lado, Thatcher foi escolhida primeira-ministra num período marcado pela crise do fordismo e por uma importante deterioração da posição competitiva do Reino Unido no mercado mundial. A autoconfiança popular na terra da Rainha estava em baixa, e muitos passaram a culpar os supostos "privilégios" dos trabalhadores fordistas organizados em sindicatos pela situação econômica do país.

No final dos anos 1970, a Dama de Ferro chegou com uma agenda política balizada por duas prioridades: quebrar a espinha dorsal do movimento sindical britânico e privatizar o patrimônio público, a fim de criar um novo ciclo de negócios capaz de restaurar a taxa de lucros. Assim, Thatcher atacou os direitos sociais, flexibilizou a legislação trabalhista e praticamente eliminou o direito de greve. Além disso, privatizou o setor siderúrgico e de telecomunicações, a indústria do petróleo, do gás, a indústria de aviação, a indústria automobilística e o sistema portuário.

No início da década de 1980, quando o aumento da mobilização das classes subalternas britânicas colocou em risco a continuidade do governo conservador, a ditadura argentina entrou em cena para salvar a primeira-ministra. A Guerra das Malvinas serviu para unificar o país em torno de sua liderança autoritária. Thatcher simplesmente agradeceu a oportunidade e conduziu o poderio militar britânico, infinitamente superior ao argentino, a uma rápida vitória.

(A esse respeito, vale lembrar um fato que mostra o que foi a ex-primeira-ministra britânica: em 2 de maio de 1982, a despeito de já estar de posse de uma proposta de paz enviada pelo governo argentino, a primeira-ministra autorizou o afundamento do cruzador General Belgrano, levando à morte 323 de seus 1.093 tripulantes.)

Dois anos mais tarde, fortalecida pela popularidade trazida com a vitória nas Malvinas, Thatcher mediu forças com o movimento sindical mineiro em uma das mais longas greves da história da Inglaterra.

A pulsão plebeia   55

Após reprimir e destruir o movimento, não havia mais forças políticas capazes de opor-lhe séria resistência. E a Dama de Ferro pôde se dedicar à consolidação de políticas de ajuste estrutural que ao fim e ao cabo transformaram o Reino Unido, à custa da triplicação do desemprego e da duplicação da pobreza, na segunda mais importante plataforma mundial de valorização financeira.

No entanto, em fins dos anos 1980, a popularidade do governo conservador viu-se seriamente abalada pela aprovação de um imposto regressivo chamado de "Poll Tax", que serviria para financiar a participação britânica na primeira Guerra do Iraque. E, no final de 1990, Thatcher foi substituída por John Major na função de primeira-ministra britânica.

Do ponto de vista econômico, a Dama de Ferro pilotou a transição de um modelo de desenvolvimento fordista apoiado sobre um regime fabril hegemônico para um pós-fordismo financeirizado baseado no despotismo hegemônico. De uma situação na qual os trabalhadores costumavam receber concessões, transitou-se para uma na qual eles eram obrigados a fazer concessões. A reviravolta na estrutura social britânica foi tão profunda que o próprio Partido Trabalhista britânico curvou-se ao regime de acumulação financeirizado, passando a mover-se no interior do mesmo modo de regulação legado pelo thatcherismo.

A chamada "terceira via" nada mais fez do que sacramentar a conversão definitiva da social-democracia europeia à ortodoxia rentista. Conversão essa temperada, é verdade, por uma pequena dose de sensibilidade social. Entretanto o abandono do ideário reformista não apenas sepultou a social-democracia como alternativa para os trabalhadores ingleses, como coroou a transição para a "nova economia" de serviços financeiros. Ao longo dos anos 1990 e 2000, isto é, enquanto a expansão da mundialização financeira favoreceu o rentismo encastelado na City londrina, a hegemonia neoliberal manteve-se relativamente estável.

Todavia o prolongamento da atual crise financeira e econômica europeia ameaça trazer de volta aquele fantasma que Thatcher pensara ter exorcizado em definitivo. Os tumultos protagonizados pelo jovem precariado inglês ocorridos em agosto de 2011 no norte de Londres apontam nessa direção. E as comemorações populares e espontâneas pela morte da ex-primeira-ministra autorizam-nos a antever o, ainda tímido, sorriso do espectro plebeu.

Tierra en trance[1]

Desembarquei em Buenos Aires dois dias depois do 8N, "superpanelaço" que, no dia 8 de novembro de 2012, agregou, em torno do Obelisco da 9 de Julio, milhares de opositores ao governo da presidente Cristina Kirchner. Convocada pela internet, a manifestação expressou o repúdio de diversas forças sociais, em especial a oposição de direita, contrárias à proposta de emenda constitucional que aprovaria a "re--reeleição" da presidente. Apenas para lembrar, Cristina Kirchner assumiu o governo argentino pela primeira vez em 2007 e foi reeleita em outubro do ano passado, sem direito a um terceiro mandato.

A imprensa ainda repercutia o sucesso do 8N e debatia a insatisfação da "classe média" com um governo incapaz de controlar a inflação, quando setores sindicais opositores à presidência – a Confederação Geral do Trabalho (CGT) Azopardo, liderada pelo histórico Hugo Moyano; a CGT Azul y Blanca, liderada por Luis Barrionuevo; a Central dos Trabalhadores da Argentina (CTA), dirigida por Pablo Micheli; e a Corrente Classista e Combativa, liderada por Juan Carlos Alderete – anunciaram a primeira paralisação nacional contra o "kirchnerismo". Ainda estava na Argentina, dando um curso na Universidade Nacional

---

1 Publicado no *Blog da Boitempo* em 26 de novembro de 2012.

58   Ruy Braga

de Cuyo, em Mendoza, quando, em 20 de novembro, o país todo foi sacudido por piquetes, bloqueios de estradas, paralisação de todo o sistema de transporte aéreo – exceto os voos internacionais –, abastecimento terrestre, metrô, ônibus, além da paralisação de vários serviços públicos. Por um lado, o governo apressou-se em minimizar o impacto causado pelo sucesso do 8N, alegando que o movimento não seria suficientemente "orgânico" a ponto de se transformar em uma força política ameaçadora. Malgrado a rejeição à "re-reeleição", simplesmente não haveria uma agenda capaz de unificar a oposição de direita. Por outro lado, em relação à greve geral, a presidente declarou: "Eu não corro de ninguém, muito menos com ameaças".[2] O recado era claro: mostrar disposição de enfrentar os setores sindicais opositores. Os mesmos que, até há pouco, apoiaram abertamente Cristina e seu falecido marido, Néstor Kirchner.

Filho de um carteiro e vindo da distante e despovoada província patagônica de Santa Cruz, Néstor Kirchner foi o improvável candidato justicialista vencedor, com pouco mais de 20% dos votos, de uma eleição marcada pela maior crise econômica da história do país. Iniciado em março de 2003, seu mandato estimulou uma política de recuperação econômica acelerada, apoiada em setores exportadores e na moderação salarial. Ao mesmo tempo, Kirchner imprimiu um tom de centro-esquerda a seu governo: criticou os crimes da ditadura, enfrentou diferentes setores burgueses não exportadores, controlou o movimento operário por meio de aumentos nos repasses ao assistencialismo sindical etc. A "hegemonia kirchnerista" foi construída sobre a velha política nacionalista, somada ao crescimento econômico proporcionado, sobretudo, pelo desempenho de setores exportadores durante um ciclo de elevação dos preços das commodities.

Em outubro de 2007, a eleição de Cristina Kirchner sacramentou a reprodução desse modelo, assim como fortaleceu o equilíbrio

---

2   Leonardo Mindez. "Cristina: 'A mí no me corre nadie y menos con amenazas". *Clarín*, Buenos Aires, 21 nov. 2012.

A pulsão plebeia   59

de forças entre setores burgueses exportadores e a burocracia sindical.
Em seu primeiro mandato, a presidente seguiu a agenda apresentada
por seu marido: nacionalizou e reestatizou empresas, enfrentou setores midiáticos, aumentou gastos sociais, avançou na política de direitos
humanos etc. No entanto, com o advento da crise econômica mundial
de 2008, as contradições do modelo desenvolvimentista-exportador ra-
dicalizaram-se. A inflação retornou com força, sacrificando ainda mais
trabalhadores já superexplorados e cujas condições de subsistência passaram a depender cada dia mais de preços controlados ou subsidiados
pelo governo.

No segundo mandato, quando os empresários começaram a exigir
um grande ajuste desses preços, a hegemonia kirchnerista começou a
claudicar. Vieram denúncias contra o "aparelhismo" e interferência
da juventude peronista nas empresas nacionalizadas – a companhia
Aerolíneas Argentinas à frente –, além das rupturas de setores do movimento sindical, como a parte da CGT ligada a Moyano, além da fração
da CTA liderada por Micheli. No momento em que a inflação voltou
a bater novos recordes – na realidade, o índice inflacionário argentino
é o quarto mais alto do mundo – e a taxa de desemprego aumentou
nitidamente, os setores urbanos pequeno-burgueses decidiram aumentar a pressão sobre o governo, apoiados pela mídia e por forças sociais
conservadoras, além de uma parte da burocracia sindical, flanqueada
por pequenos agrupamentos políticos de esquerda.

Aqui, vale uma curta reflexão: apesar das abissais diferenças históricas entre Brasil e Argentina – notáveis, diga-se de passagem, em se tratando de países territorialmente tão próximos –, teimamos em compartilhar ciclos sociais muito sincronizados: durante a redemocratização
dos 1980, Raúl Alfonsín e José Sarney tentaram semear o nacional-desenvolvimentismo, mas colheram apenas a hiperinflação. Eles foram
sucedidos respectivamente por Carlos Menem e Fernando Collor, e
este por Fernando Henrique Cardoso, em uma década de 1990 marcada por políticas de ajuste neoliberais, controle inflacionário, ciclo das
privatizações e aumento do desemprego. Crises econômicas e políticas

acumularam-se no início de 2000. Com poucos meses de diferença, vieram Néstor Kirchner e Lula da Silva. Seguiu-se um ciclo de governos orientados pela retomada econômica e aumento dos gastos sociais, acompanhados do indefectível "transformismo" sindical.

O curioso disso tudo é que a realidade de nossos vizinhos, apesar do paralelismo, foi marcada por uma maior intensidade das cores: a inflação dos 1980 foi mais intensa na Argentina do que no Brasil; a experiência neoliberal dos 1990 foi muito mais longe lá do que aqui; a retomada platina dos 2000 foi mais aguda e com um nível igualmente superior de atritos entre o governo e parte da burguesia, rural e urbana... Mesmo se mirarmos mais atrás, a ditadura militar foi mais sanguinária lá do que aqui, e o peronismo mais longevo e marcante que o varguismo. Alguma relação com a atávica cordialidade brasileira, em contraste com o famoso *"pecho caliente"* ítalo-espanhol de nossos "hermanos"?

Penso que não. Ao fim e ao cabo, somos países capitalistas periféricos integrados no mesmo sistema-mundo. Temos nossas diferenças econômicas e culturais, mas também nossas semelhanças: temos territórios extensos, vivemos um bom período da economia agrário-exportadora, adotamos projetos de industrialização nacional e de substituição de importações mais ou menos na mesma época, atravessamos ciclos populistas autoritários e, então, democráticos, com uma década de diferença etc. Em suma, estamos condenados pela proximidade a uma trajetória e a um destino histórico, mais ou menos, comuns.

De qualquer maneira, quando o governo Dilma Rousseff enreda-se na complexa trama de baixar juros, dividir royalties, modificar o modelo das concessões no setor elétrico e, ao mesmo tempo, endurecer nas negociações com os trabalhadores, como vem acontecendo há aproximadamente um ano, a lembrança do panelaço do 8N, associada à greve geral nacional do último dia 20 de novembro, forçosamente vem à mente. Os governos de Cristina Kirchner e Dilma Rousseff serão capazes de superar os limites dos respectivos modelos de desenvolvimento, em especial no que concerne às classes subalternas? Tenho sérias dúvidas... No entanto a relativa sincronia de nossas temporalidades nacionais permite intuir que o futuro reserva sérias turbulências para o governo brasileiro. Ainda que temperado por nossa tradicional cordialidade.

Marikana: o evento clássico[1]

> "Recordem Sharpeville
> no dia das balas nas costas
> pois encarnou a opressão
> e a natureza da sociedade
> mais claramente que qualquer outra coisa;
> foi o evento clássico".
> (Dennis Brutus, *Sirens, Knuckles, Boots.*)

As imagens correram o mundo. Uma linha de policiais, muitos deles negros e fortemente armados com submetralhadoras, recua alguns passos e, repentinamente, começa a atirar nos grevistas da empresa Lonmim, cujos corpos tombam às dezenas uns sobre os outros. As imagens da pequena colina em Marikana – um acampamento localizado a uma centena de quilômetros a noroeste de Johannesburgo – são absolutamente chocantes e, em sua crueza, revelam uma realidade igualmente escandalosa: mesmo dezoito anos após o fim do odioso regime do apartheid, a África do Sul ainda vive sob a sombra do assassinato e da prisão de trabalhadores negros.

---

1 Em memória de Dennis Brutus, velho camarada e verdadeiro exemplo: não se vendeu e não se rendeu, lutando até o fim pelo socialismo e pela vida. Publicado no *Blog da Boitempo* em 17 de setembro de 2012.

O mais cruel e bizarro dessa situação é que, após massacrar 34 trabalhadores, ferindo gravemente outras tantas dezenas, a polícia prendeu 259 mineiros que foram – pasmem! – acusados pelas mortes de seus próprios companheiros. (Acreditem ou não, uma lei do período do apartheid ainda permite ao Estado sul-africano processar por assassinato os ativistas que tomarem parte em protestos nos quais eventualmente mortes aconteçam.)

Imediatamente, autoridades governamentais apressaram-se em afirmar que o principal responsável pelo massacre não teria sido nem a polícia, nem o governo, mas a Associação dos Trabalhadores Mineiros e da Construção Civil (AMCU), que foi convidada pelos grevistas a participar do processo de negociação como seu representante sindical. Formada por dissidentes do todo-poderoso – e governista – Sindicato Nacional dos Trabalhadores Mineiros (NUM), o mais importante sindicato do Congresso dos Sindicatos Sul-Africanos (Cosatu), a AMCU representa um sindicalismo alternativo enraizado nas bases e crítico do governo do Congresso Nacional Africano (ANC), o partido de Nelson Mandela e do então presidente, Jacob Zuma.

Ao contrário do NUM, que utiliza exclusivamente o inglês em suas publicações e assembleias, a AMCU emprega uma linguagem que mistura vários dialetos sul-africanos, facilitando a comunicação com os trabalhadores iletrados. Além disso, ela tem denunciado as precárias condições de vida dos mineiros, em especial os trabalhadores imigrantes, cujos alojamentos em nada diferem daqueles encontrados nas áreas mais pobres de Soweto. Aqui, cabe uma observação adicional: basicamente, os grevistas rechaçaram o NUM durante o processo de organização da atual onda grevista, por considerarem que ele não representava mais seus interesses.

Na realidade, desde o fim do regime do apartheid, as relações de inúmeros dirigentes do NUM com as empresas mineradoras aprofundou-se a ponto de, em 1995, o sindicato criar sua própria empresa, a Mineworker's Investment Trust, a fim de realizar investimentos, em especial, na outrora lucrativa extração de platina. Dispensável dizer

A pulsão plebeia 65

que, desde então, muitos de seus dirigentes e ex-dirigentes, caso de Matamela Cyril Ramaphosa, por exemplo, provável sucessor de Jacob Zuma, enriqueceram a ponto de se tornarem acionistas da empresa Lonmim – a mesma onde trabalhava a maioria dos grevistas assassinados em Marikana –, além de altos executivos do Shanduka Group.

Autoridades governamentais têm se empenhado em afirmar que o massacre de Marikana foi um incidente isolado. Por exemplo, para o atual ministro da Educação, ex-secretário-geral do Partido Comunista Sul-Africano, Blade Nzimande, a atual escalada de violência nas minas de platina não passa de um confronto motivado pela competição entre duas facções sindicais em situação de litígio permanente. No entanto esse tipo de interpretação esbarra nos dados reunidos por vários sociólogos que têm se empenhado em estudar aquilo que na África do Sul já é conhecido como a "Rebelião dos Pobres".

Peter Alexander, por exemplo, reuniu uma admirável quantidade de informações de diferentes fontes governamentais e não governamentais a fim de demonstrar que o número de protestos e incidentes envolvendo trabalhadores pobres na África do Sul aumentou 40% nos últimos três anos, saltando de uma média de 2,1 incidentes registrados por dia em todo o país, entre 2004 e 2009, para 3 incidentes a partir de então.[2]

Além disso, no final de 2011, a equipe do centro de pesquisa Sociedade, Trabalho e Desenvolvimento (SWOP) da Universidade de Witwatersrand, liderada por Karl von Holdt, publicou um relatório com estudos de diferentes protestos em comunidades de trabalhadores pobres em luta por moradia e contra a violência xenofóbica.[3] Os relatos vindos de Voortreckker, Kungcatsha, Azania, Slovoview, Gladysville, Trouble e Bokfontein simplesmente não deixam dúvida sobre o que se

---

2   Peter Alexander. "Protests and Police Statistics: Some Commentary". *Amandla!*, Cidade do Cabo, 28 mar. 2012. Disponível em: <http://www.amandla.org.za/home-page/1121--protests-and-police-statistics-some-commentary-by-prof-peter-alexander>. Acesso em: 27 ago. 2014.

3   Karl von Holdt *et al. The Smoke That Calls*: Insurgent Citizenship, Collective Violence and the Struggle for a Place in the New South Africa. Johannesburgo, CSVR/ SWOP, 2011.

66   Ruy Braga

passa atualmente na África do Sul. Para utilizarmos uma expressão de Antonio Gramsci: a reinvenção "transformista" do apartheid.

Senão, como compreender que, desde 1994, a desigualdade social medida pelo coeficiente de Gini tenha saltado de 0,66 (1994) para 0,70 (2012)?[4] O aumento da desigualdade após o fim do apartheid é claramente visível nas ruas das grandes cidades sul-africanas. Por um lado, temos os *"black diamonds"*, em sua maioria ex-militantes do ANC transformados, por meio do programa de promoção de negros conhecido como Black Economic Empowerment (BEE), em executivos das grandes companhias, rodando por Johannesburgo com seus carros de luxo e vivendo em condomínios suntuosos protegidos por muros altos e um exército particular de seguranças. Por outro, temos a segregação e a degradação social em Soweto.

A despeito de outras visitas à África do Sul, nunca havia estado em Soweto, o mítico conjunto de bairros negros segregados onde moraram Nelson Madela e Desmond Tutu – na mesma rua, diga-se de passagem. História arquiconhecida, durante décadas Soweto foi um dos principais focos da resistência negra à opressão branca, uma fonte permanente de mobilização estudantil e ativismo operário. Desde o início, os heroicos "Bairros do Sudoeste" aglutinaram tanto negros paupérrimos quanto grupos próximos daquilo que poderíamos chamar de uma "classe média negra", formada por pequenos proprietários e funcionários públicos. Como o processo de segregação racial impedia que negros morassem em áreas próximas aos brancos, eles eram obrigados a compartilhar as mesmas regiões definidas pelo Estado fascista, independente da diferenciação de classe social.

Uma semana após o Massacre de Marikana, meus colegas da Universidade de Wits finalmente decidiram levar-me pra um longo passeio por Soweto. O contraste entre áreas elegantes e cheias de belas residências – que no Brasil seriam facilmente consideradas de alta classe média –, imediatamente sucedidas por favelas sem nenhuma

---

4   Hein Marais. *South Africa pushed to the limit.* Claremont: UCT, 2011.

infraestrutura urbana, construídas com finíssimas chapas de metal grosseiramente encaixadas e incapazes de manter minimamente a chuva e o frio do lado de fora, impressiona mesmo aqueles acostumados com as favelas paulistanas. De acordo com meus colegas sul-africanos, o pior é que esse contraste só aumentou desde o fim do apartheid. As áreas afluentes de Soweto tornaram-se mais ricas, e as regiões miseráveis continuam entregues à própria sorte. Com uma diferença: agora, várias organizações não governamentais atuam livremente nas áreas mais miseráveis, servindo refeições e desenvolvendo projetos de acesso de jovens à internet.

Em síntese, uma nova elite negra dirige o Estado pós-apartheid, em benefício da reprodução da "sociedade cappuccino": um enorme contingente de negros na base, uma espuma branca por cima dos negros e um leve polvilhado de chocolate cobrindo a espuma. O período aberto após 1994 nos ensina que uma autêntica revolução política, como foi o caso do fim de um dos mais odiosos regimes da história moderna, pode não significar grande coisa para a maioria da população, caso não venha acompanhada de uma radical transformação da estrutura social. E, ainda que uma elite negra tenha sido criada, nem a sacralização de Nelson Mandela, nem toda a propaganda em torno do multiculturalismo sul-africano são capazes de mascarar o fato de que o flagelo de Sharpeville continua reverberando em Marikana. Ainda que a cor dos policiais que puxaram o gatilho tenha mudado...

Mandela: um legado contraditório[1]

O grande símbolo da resistência ao apartheid racial morreu no dia 5 de dezembro passado. Quando penso em Nelson Mandela, logo me vem à mente a icônica imagem do dia de sua libertação. Após 27 anos de encarceramento, emergiu um sorridente herói do povo, cumprimentando com seu punho direito erguido a massa que o acolheu como o incontestável guardião dos sonhos de sua emancipação. É difícil descrever a sensação que tive quando assisti pela TV essa cena. Foi um momento glorioso daquilo que Walter Benjamin chamou de "tradição dos oprimidos"[2]: subitamente, o caudaloso fluxo da dominação detém-se por um instante, deixando antever a ainda nebulosa fisionomia da liberdade vindoura.

Fora da prisão, Mandela liderou a negociação estabelecida com o Estado fascista que sepultou o apartheid racial. O empenho pacificador demonstrado durante a transição democrática garantiu-lhe o prêmio Nobel da Paz de 1993. Por isso, pode parecer fácil escrever sobre ele. Bastaria, por exemplo, elogiar sua sublime disposição de perdoar os opressores brancos. Aliás, é exatamente isso que tem feito

---

1 Publicado no *Blog da Boitempo* em 9 de dezembro de 2013.

2 Michael Löwy. *Walter Benjamin*: aviso de incêndio. São Paulo: Boitempo, 2005.

70 Ruy Braga

toda a imprensa mundial. No entanto, gostaria de destacar um outro ângulo, ou seja, o projeto político que, ao sair da prisão, ele afiançou. No final dos anos 1980, tão logo o Partido Nacional, com o domínio dos africânderes no governo, percebeu que iria ser derrotado pela resistência mais ou menos inorgânica de toda a sociedade civil sul-africana, iniciou-se um processo de negociação entre os fascistas e o maior partido antiapartheid, isto é, o Congresso Nacional Africano (ANC). Ao longo de alguns poucos anos, foi urdido o pacto social que deu origem à nova África do Sul.

Conforme os termos do acordo, as tradicionais classes dominantes brancas manteriam o domínio e a propriedade de todos os setores econômicos estratégicos, transferindo progressivamente para o ANC o controle do aparelho de Estado. Enquanto os ativos financeiros das principais empresas do país migravam para Londres, em um avassalador movimento de fuga de capitais que acentuou a dominação econômica branca, o Partido Comunista Sul-Africano (SACP), o Congresso dos Sindicatos Sul-Africanos (Cosatu) e o ANC formavam a coalizão conhecida como "Aliança Tripartite", que se transformou em uma poderosa máquina eleitoral, criando as condições para o estabelecimento de uma durável hegemonia alicerçada na "fusão" das principais forças antiapartheid com o aparelho estatal.

Assim, sedimentou-se, em 1996, um modelo de (sub)desenvolvimento capaz de combinar uma agenda neoliberal conhecida como *Growth, Employment and Redistribution* (Gear – Crescimento, Emprego e Redistribuição) com algumas reformas pontuais, cujo produto mais saliente foi a exacerbação das desigualdades de raça, gênero e classe social.[3] A partir de então, privatizações, cortes de gastos estatais e moderação salarial combinaram-se com, por exemplo, a incorporação dos negros ao sistema público de saúde... O apartheid racial foi substituído por um apartheid social alimentado pela exploração da

---

3 Para mais detalhes, ver Patrick Bond. *The Elite Transition*: From Apartheid to Neoliberalism in South Africa. Londres: Pluto, 2000.

A pulsão plebeia 71

maioria dos trabalhadores negros. Mandela foi o grande fiador dessa "revolução passiva". Apenas um negro educado vivendo em um país dominado por brancos, um príncipe xhosa vivendo em um país de maioria zulu, um líder mundialmente admirado vivendo em um país carente de aceitação internacional poderia dirigir esse processo.

Após a transição para a democracia parlamentar, o ANC lançou, no início dos anos 2000, o *Black Economic Empowerment* (BEE). Tratava-se de um programa para diminuir as disparidades socioeconômicas entre os diferentes grupos raciais, por meio da incorporação de negros e não brancos ao *staff* administrativo das empresas sul-africanas. Com essa política, o país testemunhou o surgimento de uma afluente elite econômica negra, conhecida como *"black diamonds"*, que acumulou imenso poder e riqueza devido à intimidade com o governo. Assim, ex-militantes sindicais comunistas tornaram-se sócios de empresas de mineração, e ex-lideranças do ANC transformaram-se em megainvestidores financeiros. Dispensável dizer que escândalos de corrupção envolvendo altos executivos e políticos tornaram-se usuais.

Uma expressão curiosa surgiu para descrever a atual estrutura classista da África do Sul: "sociedade cappuccino". Trata-se de uma menção à existência de uma larga base negra sobre a qual repousa uma espuma branca encimada por uma finíssima camada de chocolate em pó. O resultado? Da 90ª posição no ranking da desigualdade, em 1994, ano da eleição presidencial de Mandela, a África do Sul ocupa atualmente a 121ª posição. Não admira que, nesse tipo de sociedade, tensões étnicas e sociais descambem rapidamente para a violência xenofóbica: a taxa de criminalidade do país está entre as 15 piores do mundo, e a expectativa de vida da população é de apenas 53 anos.[4]

Ano passado, ao trocar alguns dólares no aeroporto de Johannesburgo, percebi que a efígie de Mandela estampava as novas

---

4   Hein Marais. *South Africa pushed to the limit*, *op. cit.* Para mais detalhes, ver Karl von Holdt *et al. The Smoke That Calls*: Insurgent Citizenship, Collective Violence and the Struggle for a Place in the New South Africa (CSVR/ SWOP, 2011).

cédulas de rands. O "Pai da Pátria" aparecia sorrindo discretamente em todas as notas, não importando o valor. "A revolução passiva sul--africana está concluída", pensei... No caminho para o hotel, fui informado de que 36 mineiros haviam sido barbaramente assassinados há pouco pela polícia no acampamento de Marikana, nas cercanias de Rustemburgo, durante uma greve. Também soube que, em uníssono, a Aliança Tripartite improvisava argumentos a fim de justificar o massacre. Separados por apenas 180 quilômetros, a distância entre Marikana e Sharpeville não poderia ser maior...

Tudo isso faz parte da herança deixada pelo maior símbolo da resistência ao apartheid racial. Como decifrá-la? Em 1963, ao ser condenado à morte no Julgamento de Rivonia, Mandela era um homem disposto a morrer pela libertação de seu povo. Por ser o comandante em chefe da ala armada de seu partido, ficou quase três décadas encarcerado e definitivamente merece nosso mais profundo respeito por isso. No entanto é necessário reconhecer que, na atual luta contra o apartheid social, os trabalhadores negros sul-africanos enfrentam sozinhos uma hegemonia deletéria que Mandela não economizou esforços para fortalecer. Para muito além da santificação do grande líder, algum dia, uma África do Sul emancipada saberá reconhecer e superar os limites desse legado contraditório. E esse será um dia glorioso.

Parte II
Inquietação

A marola conservadora[1]

Assim como muitos cidadãos paulistanos, também fui pego de surpresa pelo resultado do primeiro turno da eleição para prefeito. Até uma semana antes do 3 de outubro, poderia jurar, apoiado em praticamente todas as enquetes dos institutos de pesquisa de opinião, que o candidato tucano, José Serra, disputaria o segundo turno com Celso Russomanno, do Partido Republicano Brasileiro (PRB) – partido criado em 2005 pelo ex-vice-presidente da república, José de Alencar, a fim de acomodar fisiologicamente antigas forças políticas oposicionistas recém-convertidas ao governismo federal.

Independente de Russomanno não ter chegado ao segundo turno, o sucesso de sua candidatura representa um grande desafio para a análise da política brasileira. Antes do primeiro turno, muitos observadores explicaram seu crescimento por meio de dois argumentos complementares: o candidato do PRB articularia a revivificação do velho populismo paulistano de direita, uma tradição que remonta a Adhemar de Barros, Jânio Quadros e Paulo Maluf, com uma nova onda politicamente conservadora e apoiada, principalmente, no crescimento da

---

1   Para Flávio Pierucci, sociólogo da alma popular. Publicado no *Blog da Boitempo* em 22 de outubro de 2012.

76   Ruy Braga

Igreja Universal do Reino de Deus (Iurd). (Não esqueçamos que dez dos dezoito membros da Executiva Nacional do PRB são diretamente ligados à Iurd ou a seu braço midiático, a Rede Record...) A iminente vitória do candidato petista, Fernando Haddad, no entanto, traz um elemento problematizador para esse raciocínio. Afinal, se a cidade passa por uma "onda conservadora", como interpretar a surpreendente arrancada do candidato lulista, a despeito de seu patamar de votos no primeiro turno estar abaixo da média histórica do Partido dos Trabalhadores (PT) na capital?

O comportamento politicamente conservador de parte expressiva do eleitorado paulistano – retratado este ano por uma pioneira enquete realizada pelo instituto Datafolha – não é novidade. São Paulo é uma cidade que acantona mais de 1 milhão de pequenos proprietários: taxistas, donos de oficinas mecânicas, salões de beleza, pequenos "empreendedores" (bares, biroscas, botequins, vendas, mercadinhos, restaurantes etc.), além de milhares de trabalhadores supostamente "autoempregados", como os motoboys. Historicamente, o universo ideológico do pequeno proprietário combina a inclinação por soluções repressivas para a questão social – "Rota[2] na rua" etc. – com a intransigente defesa de cortes de tributos e impostos.[3] Resultado: voto na direita.

No entanto, isso seria capaz de explicar a novidade representada pela candidatura de Celso Russomanno? Não me parece o caso. Afinal, a fatia conservadora do eleitorado há tempos acomoda-se confortavelmente à hegemonia tucana: basta pensarmos no próprio José Serra, mas também em Geraldo Alckmin (com a Rota, a desocupação do Pinheirinho...), Gilberto Kassab (com a intervenção na cracolândia...) etc. A alta rejeição ao candidato tucano e a baixa popularidade do atual prefeito são fatores que, evidentemente, devem ser levados em consideração. No entanto, outros candidatos poderiam

---

2   Sigla para Rondas Ostensivas Tobias de Aguiar.

3   Datafolha, "Em São Paulo, conservadores são em maior número que liberais". *Datafolha*, 18 set. 2012. Disponível em: <http://datafolha.folha.uol.com.br/eleicoes/2012/09/1160135-em-sao-paulo-conservadores-sao-em-maior-numero-que-liberais.shtml>. Acesso em: 2 set. 2014.

A pulsão plebeia 77

ter levantado a bandeira da truculência como solução para os problemas da cidade. E não esqueçamos que, segundo a pesquisa pioneira do instituto Datafolha, entre os eleitores mais conservadores, José Serra foi o preferido.

Aqui emerge a segunda parte do argumento: Celso Russomanno teria sido beneficiado pelo avanço do neopentecostalismo. Trata-se de uma tese que, basicamente, afirma que o crescimento das denominações neopentecostais não apenas é compatível com a proliferação do conservadorismo político, como também ainda não foi capaz de encontrar uma expressão politicamente orgânica nos partidos tradicionais. Daí a capacidade de atração demonstrada por um candidato neopopulista de direita à frente de um partido nanico controlado pela Iurd.

Falecido em maio passado, meu saudoso amigo Flávio Pierucci estudou por anos a fio a relação entre a religião e a vida política nacional. Evidentemente, não sei o que Flávio diria sobre a atual eleição, mas intuo que desenvolveria ideias de seus últimos artigos publicados na revista *Novos Estudos Cebrap* e na *Folha de S.Paulo*. Aqui, não me refiro tanto ao "efeito Fariseu" – isto é, o abandono pelo crente do candidato que se vangloria de sua fé –, que Flávio importou da ciência política estadunidense para interpretar a derrota de José Serra em 2010.[4]

Apenas em hipótese, considero possível que uma espécie de "efeito Fariseu precoce" – ou seja, antes do turno derradeiro – tenha se dado este ano em São Paulo. Afinal, a peculiar situação de ter um candidato notoriamente católico ladeado por bispos da Iurd pode ter desidratado o voto evangélico em Russomanno. No entanto, ao menos no tocante aos temas religiosos, confesso não ter percebido na campanha de Celso Russomanno uma especial belicosidade. Aliás, a despeito do modelo de seu programa de televisão mimetizar a estrutura de alguns

---

4   Antônio Flávio Pierucci, "Eleição 2010: desmoralização eleitoral do moralismo religioso", *Novos Estudos Cebrap*, São Paulo, n. 89, mar. 2011.

78   Ruy Braga

programas da Record, o neopentecostalismo "de choque" esteve longe de dar o tom da campanha do PRB paulistano.

Na verdade, em alguns de seus últimos textos, Pierucci insinuou uma hipótese aparentada, mas distinta, do "efeito Fariseu". Segundo ele, a lógica que rege a relação entre as múltiplas denominações neopentecostais é a da concorrência pelos fiéis – e não a da solidariedade entre os crentes. No início, o candidato apoiado por uma igreja a um cargo majoritário chega a atrair a simpatia dos evangélicos. Afinal, trata-se de um "igual na fé", ou seja, um "irmão".

O problema é que quando esse mesmo candidato começa a ser associado a uma denominação em particular, caso da Iurd, por exemplo, as demais igrejas logo se afastam dele, percebendo aí uma ameaça ao prestígio de sua própria comunidade. Por isso o voto evangélico elege vereadores e deputados, mas não prefeitos, governadores ou presidentes. Em eleições majoritárias, esse tipo de motivação ao voto tende a perder força. Daí o ceticismo manifestado por Flávio Pierucci em seus artigos sobre a suposta força política dos grupos evangélicos.[5]

Ou seja, nem o tradicional conservadorismo paulistano, nem o neoconservadorismo religioso parecem-me argumentos fortes o suficiente para explicar a ascensão e o declínio de Celso Russomanno. Ademais, servem menos ainda para elucidar a iminente eleição de Haddad: afinal, não é notório que o petista cresce em todas as regiões da cidade, especialmente naquela semiperiferia onde o candidato do PRB teve seu melhor desempenho eleitoral? Se realmente estamos vivendo uma onda direitista em São Paulo, os votos de Russomanno não estariam migrando para José Serra, o preferido dos mais conservadores? Por que então deságuam caudalosamente em Haddad?

Aliás, em sua recente pesquisa, o Datafolha revelou que, entre os eleitores classificados como "conservadores", Haddad tem 46% das intenções de voto contra 33% de Serra neste segundo turno.[6] Em pes-

---

5   *Ibidem.*

6   Datafolha. "Em São Paulo, conservadores são em maior número que liberais", *op. cit.*

A pulsão plebeia   79

quisa semelhante realizada em setembro, o candidato lulista tinha o pior desempenho entre os conservadores, com 12% e, naquela ocasião, o líder isolado nesse grupo, com 41%, era exatamente Russomanno.[7]

Malgrado reconhecer que se trata de uma formulação polêmica, gostaria de arriscar uma hipótese alternativa ao debate: em minha opinião, o notável desempenho do candidato do PRB à prefeitura da cidade de São Paulo representa a manifestação deformada de um estado de inquietação social com o atual modelo de desenvolvimento cuja raiz não está no modo de regulação lulista. Ao contrário, este continua seduzindo as classes sociais subalternas, como bem demonstram o próprio desempenho de Haddad e o crescimento, com mensalão e tudo, dos votos no PT. A raiz do atual estado de inquietação social deve ser buscada nos limites do regime de acumulação pós-fordista e financeirizado que domina a estrutura social brasileira.

Trata-se de uma situação complexa em que o lulismo, com sua ênfase nas políticas públicas, continua reproduzindo eficientemente uma conflitualidade classista que começa a aumentar com o baixo crescimento econômico e a incapacidade de o regime de acumulação prover postos de trabalho que remunerem mais do que 1,5 salário mínimo. Como não há ganhos de produtividade na estrutura social, a incorporação das massas pauperizadas ao mercado de trabalho formal é realizada por meio da multiplicação de empregos sub-remunerados, terceirizados e submetidos a altas taxas de rotatividade. Ao mesmo tempo, a financeirização do consumo popular continua avançando por meio da indústria do empréstimo a juros. Resultado: deterioração das condições de trabalho associada ao aumento do endividamento das famílias trabalhadoras.

Eis que surge Celso Russomanno, campeão dos direitos do consumidor. Não me parece irrealista imaginar que o candidato do PRB

---

7   Ricardo Mendonça. "Inclinação conservadora em SP impulsiona Russomanno: Datafolha testa valores do eleitorado para medir grau de conservadorismo". *Folha de S.Paulo*, 23 set. 2012.

tenha aparecido, aos olhos do trabalhador paulistano, como uma alternativa sedutora aos dois principais representantes do atual regime de acumulação. Em minha opinião, esse setor do eleitorado popular esboçou um namoro com Russomanno, logo desfeito diante do aumento dos ataques dos adversários e da própria inconsistência do candidato. E decidiu seguir hipotecando seu apoio ao representante oficial do atual modo de regulação. Puro "pragmatismo dos pobres", como gostava de dizer Flávio Pierucci: ao fim e ao cabo, dos males, o menor.[8]

É por isso que tendo a interpretar *cum grano salis* – alguns diriam, "dialeticamente" – essa história de "onda conservadora" em São Paulo. Parafraseando Lula da Silva, esse tsunami mais parece uma marolinha.[9] Em minha opinião, a chave capaz de desvendar Russomanno não é a do avanço da direita. Na realidade, assistimos no primeiro turno à manifestação de um conservadorismo social típico daqueles setores que desejam preservar o pouco que foi alcançado durante o último ciclo de crescimento econômico. Tudo somado, trata-se de um fenômeno potencialmente progressista que foi vocalizado por uma alternativa de direita.

---

8   Ver Antônio Flávio Pierucci. "O povo visto do altar: democracia ou demofilia?". *Novos Estudos Cebrap*, São Paulo, n. 16, 1986, p. 66-80.

9   Ricardo Galhardo. "Lula: crise é tsunami nos EUA e, se chegar ao Brasil, será 'marolinha'". *O Globo*, Rio de Janeiro, 4 out. 2008. Disponível em: <http://oglobo.globo.com/economia/lula-crise-tsunami-nos-eua-se-chegar-ao-brasil-sera-marolinha-3827410>. Acesso em: 1º set. 2014.

O enigma da "nova classe média"[1]

Na semana passada, a Secretaria de Assuntos Estratégicos da Presidência da República (SAE) aprovou a nova definição de "classe média" que orientará a criação das políticas públicas do governo federal para os próximos anos. Em suma, trata-se da simples determinação de algumas faixas de renda que localizam os novos grupos recém saídos do pauperismo em relação àqueles indivíduos extremamente pobres e em relação à chamada "classe alta". Ao fim e ao cabo, para o governo federal, fariam parte da classe média brasileira todos aqueles que recebem uma renda mensal per capita entre R$ 291 e R$ 1.019,00, ou seja, aproximadamente, 54% da População Economicamente Ativa (PEA) do país.[2] (Não deixa de ser curioso que um governo liderado pelo Partido dos Trabalhadores – PT – tenha apagado conceitualmente a classe "trabalhadora" de seus assuntos estratégicos. Mas este não é o problema aqui...)

Sobre a teoria das classes, diria que, se nada mais soubessem, ainda assim os sociólogos saberiam que um debate minimamente sério a esse

---

1 Publicado no *Blog da Boitempo* em 4 de junho de 2012.

2 Brasil, SAE. "Classe média e emprego assalariado". *Vozes da nova classe média*, Brasília, n. 4, ago. 2013.

82   Ruy Braga

respeito não pode se limitar a uma única variável, ainda que seja a "renda". Exatamente porque as classes sociais são relações sociais multidimensionais e construídas historicamente, qualquer determinação unilateral desse fenômeno fatalmente criará mais desentendimentos do que esclarecimentos. Neste caso específico, argumentarão os mais crentes, o interesse do governo não é investigar cientificamente a realidade brasileira, mas apenas racionalizar suas políticas públicas. Trata-se de qualificar e atender carências específicas daquela faixa da população em termos de qualificação e educação financeira. Ok. Nesse caso, vejamos então a relação entre as classes pobre, média e alta.

O Departamento Intersindical de Estatística e Estudos Socioeconômicos (Dieese) calcula que o salário mínimo necessário para o trabalhador suprir despesas elementares de uma família de quatro pessoas deveria ser de 2.349,26 reais.[3] Agora, imaginemos que um hipotético casal auferindo renda mensal per capita de 642 reais (ou seja, o limite inferior da classe média "alta", conforme a definição da SAE) resolva ter um filho. O governo entende que esse casal, ao sair da maternidade, simplesmente passou para a classe média "baixa". Para o Dieese, no entanto, eles acabaram de decair para o pauperismo. O curioso é que um fenômeno semelhante ocorre com a tal "classe alta" – segundo a definição do governo. Se um casal da classe alta resolve ter um filho, bem, digamos que ele estará a uma distância de apenas um sanduíche de mortadela e dois refrigerantes a mais por dia da linha da pobreza... Bem, digamos que, atualmente, isso é o mais perto que o petismo consegue chegar da expropriação da burguesia. Ou seja, desconfio que, em breve, a "classe alta" também vai precisar dos programas de educação financeira que o governo anda planejando para a nova classe média...

Ironias à parte, a verdade é que o processo de desconcentração de renda entre os que vivem dos rendimentos do trabalho experimentado

---

3   Maria Regina Silva. "Salário mínimo deveria ser de R$ 2.349,26, calcula Dieese". *O Estado de S. Paulo*, 5 dez. 2011.

A pulsão plebeia   83

nos últimos nove anos preparou em certa medida o terreno para que noções ideologizadas sobre as classes sociais prosperassem no país. Ou seja, a despeito de seu raquitismo teórico, a definição de "nova classe média" da SAE encaixa-se perfeitamente bem em um debate cujo eixo gravita em torno do aprofundamento da financeirização do consumo popular. Ou seja, o que a secretaria realmente pretende é ensinar à população como poupar dinheiro para aproveitar as novas oportunidades criadas pelo recente barateamento do crédito. Para tanto, é importante reforçar a ideologia de que o Brasil transformou-se em um "país de classe média".

Nadando contra a corrente desse debate, o novo livro do economista e presidente do Instituto de Pesquisa Econômica Aplicada (Ipea) Marcio Pochmann trouxe à luz um notável conjunto de dados e argumentos para desmistificar em definitivo essa noção.[4] Recuando quarenta anos na história do Brasil, a fim de identificar década após década o eixo da dinâmica econômica nacional em termos de repartição e composição da renda, o autor investigou o processo de mobilidade social existente na base da pirâmide social brasileira nos anos 2000. Assim, Pochmann demonstrou que o atual ciclo de crescimento econômico foi marcado por três fatores principais: 1) avanços efetivos na formalização do trabalho assalariado; 2) concentração do emprego em ocupações que pagam até 1,5 salário mínimo; e 3) deslocamento da dinâmica da geração de postos de trabalho da indústria (décadas de 1970 e 1980) para o setor de serviços (anos 1990 e 2000).

Tendo em vista a combinação desses movimentos, percebemos que o modelo de desenvolvimento brasileiro neste século absorveu o excedente populacional produzido na década anterior, mas à custa de baixa remuneração (94% das vagas abertas em 2000 tinham remuneração de até 1,5 salário mínimo) e do aumento da taxa global de rotatividade do trabalho (36,9%). Ou seja, à custa da reprodução de um regime de acumulação que insiste em precarizar o trabalho subalterno.

---

4   Marcio Pochmann. *Nova classe média?, op. cit.*

84 Ruy Braga

Além disso, esse modelo foi capaz de integrar grandes contingentes de mulheres e de não brancos, mas quase sempre em ocupações alienadas que não requerem qualificações especiais. Sinteticamente, acompanhando a dinâmica das ocupações na base da pirâmide social do país, somos obrigados a refletir sobre os alcances e os limites do atual modelo de desenvolvimento pós-fordista.

Uma reflexão que nos obriga a encarar o atual ciclo de crescimento econômico do ponto de vista do alargamento da superpopulação relativa (precariado brasileiro, proletariado precarizado...). Por um lado, é possível perceber claramente os avanços em relação à década anterior: a política de valorização do salário mínimo permitiu que um enorme contingente de trabalhadores, especialmente concentrado nas regiões mais carentes, conquistasse um padrão de consumo relativamente inédito na história nacional. Com a formalização do emprego, esses trabalhadores ascenderam a um patamar menos inseguro socialmente, o que tende a elevar a satisfação individual. E sua percepção em relação ao futuro tornou-se mais positiva.

Por outro lado, a promessa da superação da pobreza e do subdesenvolvimento esbarra na incapacidade de o modelo gerar postos de trabalho mais qualificados, superar a barreira do salário mínimo e bloquear a rotatividade do trabalho. Afinal, como poderia ser diferente se o atual regime de acumulação concentrou-se em torno das atividades de mineração, petróleo, dos agronegócios e da indústria da construção civil? Precisamos lembrar que o atual modelo reproduz a trilha aberta pela hegemonia tucana de trocar a indústria de transformação por setores que utilizam largamente trabalho não qualificado? Ou seja, trata-se de um movimento que tende a reforçar a insatisfação coletiva.

Estudando a atual dinâmica do trabalho doméstico para famílias, do trabalho nas atividades autônomas e primárias, além do trabalho terceirizado, Pochmann esmiuçou o avesso do atual regime de acumulação. Ao fazê-lo, demonstrou que a hegemonia lulista apoia-se em um consistente alargamento da base salarial da pirâmide ocupacional brasileira. Ao mesmo tempo, adverte-nos a respeito dos riscos inerentes

A pulsão plebeia   85

a um modelo de desenvolvimento que apresenta sérias dificuldades em promover um ciclo de ascensão social consistente com mais e melhores salários. Do choque entre a satisfação individual e os germes da insatisfação coletiva, avolumam-se as tensões no atual regime hegemônico. Sem mencionar outras importantes greves nacionais ocorridas em 2011, como a dos bancários e a dos trabalhadores dos correios, por exemplo, o impulso grevista de 2011 permanece ativo este ano: em Belo Monte, cerca de 7 mil trabalhadores espalhados por todas as frentes de trabalho da usina hidrelétrica cruzaram os braços por 12 dias; no Complexo Petroquímico do Rio de Janeiro (Comperj), localizado em Itaboraí (RJ), pelo menos 15 mil trabalhadores entraram em greve no dia 9 de abril, permanecendo 31 dias parados; ainda no início do ano, foram registrados 10 dias de greve em Jirau e na plataforma da Petrobras em São Roque do Paraguaçu (BA); além de novas paralisações em Suape, greves em várias obras dos estádios da Copa do Mundo de futebol etc. Tudo somado, talvez Francisco Weffort tivesse mesmo razão quando, quase cinco décadas atrás, afirmou que, no Brasil, "a vitória individual traz em germe a frustração social".[5]

---

5   Francisco Weffort. *O populismo na política brasileira*. São Paulo: Paz e Terra, 1978, p. 126.

A maldição do trabalho barato[1]

Apesar do pacote de medidas anticíclicas implementado pelo governo federal buscando reverter a forte desaceleração da atividade industrial no país, o Brasil continua flertando com a estagnação econômica. De acordo com o Banco Central, teremos algo entre 1,5% e 2% de crescimento do Produto Interno Bruto (PIB) este ano. Após o medíocre resultado de 2,7% de crescimento alcançado ano passado, 2012 seguramente será pior, e as autoridades governamentais começam a afirmar que a retomada virá apenas a partir do próximo ano[2]... Ou seja, a despeito da tese do "desacoplamento" do Brasil em relação às economias centrais, tese bastante duvidosa após sucessivas décadas de mundialização capitalista, o cenário atual demonstra que o fantasma da crise econômica mundial aportou com força no país. No entanto não são poucos aqueles que continuam apostando na capacidade de o governo evitar que, em ano eleitoral, a atual desaceleração econômica transforme-se em uma ameaça ao projeto de poder lulista.

---

1 Publicado no *Blog da Boitempo* em 13 de agosto de 2012.

2 Murilo Rodrigues Alves e Mônica Izaguirre. "Previsão do crescimento do PIB cai de 2,5% para 1,6%, diz BC". *Valor Econômico*, São Paulo, 27 set. 2012.

88   Ruy Braga

Afinal, apesar do fraco desempenho da economia, o mercado de trabalho tem se mantido aquecido, e a desconcentração de renda na base da pirâmide salarial não parece dar sinais de reversão... Evidentemente, há algo de verdadeiro nessa constatação. Malgrado os planos de demissão voluntária (PDV) já anunciados por algumas montadoras, até o momento, de maneira geral, as empresas não estão demitindo. Isso alimenta uma sensação de que o buraco não é tão profundo e a economia vai se recuperar em breve, desanuviando o céu sobre o Palácio do Planalto. Parece que essa esperança convenientemente esquece uma velha lição do marxismo crítico que floresceu na América Latina entre as décadas de 1950 e 1960: em países outrora colonizados e depois subdesenvolvidos, as modernas relações de produção capitalistas são dominadas pelo atraso, tendendo a reproduzir as bases materiais da produção massificada do trabalho barato.

Após tanta mistificação em torno da chamada "nova classe média", muitos esqueceram que, se olharmos por trás da relativa desconcentração de renda entre os que vivem do trabalho, encontraremos a dura realidade de uma sociedade periférica cuja economia depende estruturalmente do preço anomalamente baixo da força de trabalho. Em suma, os trabalhadores brasileiros tornaram-se reféns de um modelo de desenvolvimento capitalista cuja estrutura alimenta-se de condições cada dia mais precárias de vida e de trabalho. Se a gênese desse modelo remonta ao início dos anos 1990, quando as políticas de ajuste estrutural implementadas pelos governos de Fernando Collor de Mello e Fernando Henrique Cardoso elevaram a taxa de desemprego aberto de 3% para 9,6% da População Economicamente Ativa (PEA), nocauteando a massa salarial (bastaria lembrar que, de 1995 a 2004, a participação dos salários na renda nacional caiu 9%, enquanto as rendas de propriedade aumentam 12,3%), sua consolidação foi obra dos governos de Lula da Silva.[3]

---

3   Ver dados citados em Instituto de Pesquisa Econômica Aplicada (Ipea). *Comunicados do Ipea*. Distribuição funcional da renda pré e pós-crise internacional no Brasil, Brasília, n. 47, 5 maio 2010.

A pulsão plebeia   89

À primeira vista, a ênfase social do modelo de desenvolvimento pilotado pela burocracia lulista anunciaria uma alternativa. Afinal, houve uma intensa reformalização do mercado de trabalho durante a década passada que, somada a um crescimento econômico da ordem de 4% ao ano, redundou em uma incorporação média de aproximadamente 2,1 milhões de novos trabalhadores por ano ao mercado formal. A base da pirâmide salarial aumentou nitidamente, fortalecendo o mercado de trabalho brasileiro: entre 2004 e 2010, a participação relativa dos salários na renda nacional aumentou 10%, enquanto os rendimentos oriundos da propriedade decresceu cerca de 13%. No entanto, desses 2,1 milhões de novos postos de trabalho criados por ano, cerca de 2 milhões remuneram o trabalhador em até 1,5 salário mínimo.[4] Eis o segredo de polichinelo: crescimento apoiado em trabalho barato.

Dispensável dizer que esses trabalhadores simplesmente não são capazes de poupar. Ou seja, todo o dinheiro que entrou na base da pirâmide salarial na última década foi imediatamente convertido em consumo popular. E o aumento desse tipo de consumo combinou-se com o barateamento das mercadorias proporcionado pelo aprofundamento da mundialização capitalista. Um novo padrão de consumo emergiu no país: pós-fordista, pois baseado na capacidade de o regime de acumulação mundializado multiplicar a oferta de novos bens; popular, pois apoiado no crescente endividamento das famílias trabalhadoras que precisam fazer das tripas coração para pagar as incontáveis prestações do comércio varejista.

Ocorre que esse novo padrão de consumo repousa não sobre os ganhos de produtividade proporcionados pelo desenvolvimento da indústria nacional, mas, principalmente, sobre os ganhos de escala garantidos por alguns setores estratégicos: mineração, petróleo, agroindústria e construção civil. E esses motores econômicos não são conhecidos por contratar predominantemente força de trabalho complexa: ao contrário, empregam largamente força de trabalho não qualificada. Como

---

4   Marcio Pochmann. *Nova classe média?*, *op. cit.*

consequência, a base da pirâmide alarga, mas remunera muito mal. A economia cresceu à custa da deterioração da indústria de transformação, a única capaz de garantir ganhos reais de produtividade. Ou seja, as relações de produção capitalistas representadas por uma moderna indústria financeira, pelo complexo processo de exploração do pré-sal e pelo desenho pós-moderno dos novos estádios da Copa do Mundo apenas reproduzem as bases materiais da produção massificada do trabalho barato. Até quando?

Mais direitos![1]

Na discussão sobre mudanças na Consolidação das Leis do Trabalho (CLT), "os trabalhadores precisam de mais direitos, não de menos".

A avaliação é do sociólogo Ruy Braga, 40. Para ele, o trabalho precário tem absorvido o impacto da forte desaceleração da economia no mercado de trabalho. Mas a manutenção da anemia do crescimento deve provocar desemprego no próximo ano.

Professor da Universidade de São Paulo (USP), ele está lançando *A política do precariado*, que trata do "proletariado precarizado", de sindicalismo, greves e história.[2]

Nesta entrevista, ele afirma que, apesar da ascensão social de setores mais pobres, "o precariado está inquieto", mas ainda "não identificou alternativas à hegemonia lulista". Braga fala aqui das greves em hidrelétricas e obras do Plano de Aceleração do Crescimento (PAC), mudanças na CLT e migrações. A íntegra:

---

1   Entrevista concedida a Eleonora de Lucena e publicada pelo jornal *Folha de S.Paulo* em 5 de janeiro de 2013.

2   Ruy Braga. *A política do precariado*: do populismo à hegemonia lulista. São Paulo: Boitempo, 2012.

Folha – Com o atual ritmo de crescimento da economia brasileira, o senhor prevê mudança no mercado de trabalho? Aumento do desemprego e queda nos salários?

Ruy Braga – É provável. Muitos se perguntam por que, após uma forte desaceleração econômica no biênio, as demissões ainda não começaram. Além das medidas do governo, como a desoneração da folha salarial em alguns setores, o mercado de trabalho brasileiro é muito flexível. Apesar de o assalariamento formal ter aumentado na última década, o emprego precário, isto é, as ocupações nas quais se encontram os trabalhadores marginalmente ligados à População Economicamente Ativa (PEA), ainda é muito numeroso, absorvendo o impacto da atual desaceleração sobre o emprego.

No entanto, se essa tendência persistir, muito provavelmente teremos demissões no próximo ano, e a taxa de desemprego de 5,3% deve aumentar.

Como o senhor define o que chama de precariado hoje no Brasil?

É o proletariado precarizado. Trata-se de trabalhadores que, pelo fato de não possuírem qualificações especiais, entram e saem muito rapidamente do mercado de trabalho.

Além disso, devemos acrescentar jovens trabalhadores à procura do primeiro emprego, indivíduos que estão na informalidade e desejam alcançar o emprego formal, além de trabalhadores sub-remunerados e inseridos em condições degradantes de trabalho. Uma população que cresceu muito desde a década de 1990.

Não esqueçamos que, mesmo com o recente avanço da formalização do emprego, as taxas de rotatividade, de flexibilização, de terceirização e o número de acidentes de trabalho no país subiram na última década. O "precariado" é formado pelo setor da classe trabalhadora pressionado pelo aumento da exploração econômica e pela ameaça da exclusão social.

O senhor avalia que a gestão Lula da Silva despolitizou os trabalhadores e amansou sindicatos. Por quê? Qual sua visão do movimento sindical no Brasil atualmente?

Não há dúvida de que a gestão Lula fundiu o movimento sindical brasileiro com o aparelho de Estado. Além de garantir posições estratégicas nos fundos de pensão das empresas estatais, o governo preencheu milhares de cargos superiores de direção e assessoramento com sindicalistas.

Posições de grande prestígio em empresas estatais também foram ocupadas por líderes sindicais. E não esqueçamos que a reforma sindical de Lula oficializou as centrais brasileiras, aumentando o imposto sindical. Isso pacificou o sindicalismo.

Ocorre que as direções não são as bases, e o atual modelo de desenvolvimento, como disse, apoia-se em condições cada dia mais precárias de trabalho, promovendo muita inquietação entre os trabalhadores. Isso sem falar nos baixos salários e no crescente endividamento das famílias trabalhadoras.

Tudo somado, é possível perceber uma certa reorganização do movimento, com a criação de centrais sindicais antigovernistas, como a Central Sindical e Popular – Coordenação Nacional de Lutas (CSP-Conlutas), por exemplo.

Quais os efeitos da chamada ascensão social de camadas mais pobres nos últimos anos no movimento sindical? Emprego e entrada no mercado consumidor contribuíram para arrefecer o movimento sindical e reivindicativo? O precariado está satisfeito com o modelo de desenvolvimento e está quieto, votando no Partido dos Trabalhadores (PT)?

É verdade que o número de greves nos anos 2000 refluiu para um nível historicamente baixo. No entanto, a partir de 2008, a atividade grevista voltou a subir, alcançando, em 2011, o mesmo patamar do final dos anos 1990. Se essa tendência vai se manter ou não é difícil dizer.

Eu apostaria que a atividade grevista deve aumentar, pois a relação do precariado com o atual modelo é ambígua. Por um lado, há certa satisfação com o consumo, em especial de bens duráveis. No entanto os salários continuam baixos, as condições de trabalho muito duras e o endividamento segue aumentando.

Meu argumento é de que o precariado está inquieto, isto é, percebe que o atual modelo trouxe certo progresso, mas conclui que esse progresso é transitório.

Até o momento, o precariado não identificou alternativas à hegemonia lulista. Mas está à procura. Veja o fenômeno Celso Russomanno, por exemplo.

Como explica os movimentos grevistas que ocorrem em hidrelétricas e obras do PAC? Qual sua avaliação das posições que sindicatos, empregadores e governos têm tomado nessas situações?

Esses são movimentos motivados pelas condições de trabalho. Basta olharmos as demandas dos operários: adicional de periculosidade, direito de voltar para as regiões de origem a cada três meses, fim dos maus-tratos, melhoria de segurança, da estrutura sanitária e da alimentação nos alojamentos etc.

Em vez de representar os trabalhadores, o movimento sindical lulista optou por pacificar os canteiros. Caso contrário, como explicar o silêncio da Central Única dos Trabalhadores (CUT) após a empreiteira Camargo Corrêa demitir no ano passado 4 mil trabalhadores da hidrelétrica de Jirau, poucas horas depois de um acordo ter sido celebrado entre a empresa e a central?

É evidente que existem interesses comuns entre as empreiteiras e o movimento sindical. Quem são os principais investidores institucionais das obras do PAC? Os fundos de pensão controlados por sindicalistas governistas.

Essas mobilizações têm um significado maior e podem ser vistas como o prenúncio de uma insatisfação mais profunda entre os trabalhadores?

Sim. Desde 2008, a retomada da atividade grevista parece consistente e aponta para uma insatisfação mais profunda. Entre 2010 e 2011 houve um aumento de 24% no número de greves. Algumas delas, como a dos bancários e a dos correios, por exemplo, foram inusualmente longas. Qual o significado disso? Em minha opinião, os trabalhadores começaram a perceber que o atual modelo de desenvolvimento encontra sérias dificuldades para entregar aquilo que promete, isto é, progresso material.

Observando a história, o senhor afirma que houve habilidade do precariado brasileiro em transitar muito rápido da aparente acomodação reivindicativa à mobilização por direitos sociais. O senhor vislumbra alguma mudança nesse sentido atualmente?

Essa é a história da formação da classe operária fordista brasileira. Os trabalhadores migraram para as grandes cidades atraídos por qualificações industriais e direitos sociais. Encontraram condições de vida degradantes, mobilizando-se por seus direitos em diferentes ciclos grevistas. A aparente satisfação com o nacional-desenvolvimentismo foi sucedida pelos ciclos de 1953-1957 e de 1960-1964. A aparente satisfação com o "milagre econômico" foi sucedida pelo ciclo de 1978-1980.

A situação atual é diferente, pois aquela burocracia sindical oriunda desse último ciclo pilota o atual modelo de desenvolvimento. Se não é capaz de suprimir, isso tende a retardar o ritmo de mobilização.

O senhor faz um relato da história do movimento sindical e fala das condições despóticas nas fábricas brasileiras no século XX. O que mudou nas condições de trabalho?

Muito pouco. Apesar da existência de leis que protegem os trabalhadores, o país tem um déficit crônico de fiscais do trabalho. Quando acontece, a fiscalização limita-se a firmar Termos de Ajustamento de Conduta trabalhista que são ignorados pelos empresários.

Além disso, não há cláusula contra a demissão imotivada. Ou seja, a rotatividade predomina, favorecendo a usura precoce do trabalhador. Se o trabalhador adoece, acidenta-se ou se sua produtividade cai, é demitido e um outro, contratado. Assim, o número de acidentes de trabalho saltou de um patamar de 400 mil, no início da década passada, para quase 800 mil hoje em dia.

96   Ruy Braga

Isso aponta para a reprodução de condições despóticas de trabalho, ainda que em um contexto diferente, marcado pela feminização do trabalho e pelo deslocamento dos empregos para os serviços.

O senhor afirma que na empresa brasileira o trabalho se transformou no principal instrumento do ajuste anticíclico e anti-inflacionário da rentabilidade dos ativos. Por quê? Como poderia ser diferente?

Sim. Com inovações em processos, produtos... O problema é que o fluxo de capital das empresas para os proprietários de ativos financeiros enfraquece os ganhos de produtividade. Assim, o trabalho transformou-se no principal instrumento de ajuste anticíclico.

Daí a busca por flexibilidade. Não é acidental que a economia brasileira não perceba ganhos reais de produtividade há mais de uma década. A financeirização das empresas contribuiu para degradar o trabalho e enfraquecer a inovação tecnológica.

O senhor afirma que as atuais condições de trabalho reforçam o individualismo, a competição entre trabalhadores, desmanchando as redes de solidariedade fordista e a militância sindical. Esse quadro está em mudança ou se aprofunda? O que representa para o sindicalismo?

O colapso da solidariedade fordista é uma realidade mundial. Mesmo nos países da Europa ocidental onde o compromisso social-democrata chegou mais longe em termos de proteção trabalhista, as atuais formas contratuais privilegiam a flexibilidade e a individualização.

A mercantilização do trabalho apoiada em sistemas de informação que controlam o desempenho individual do trabalhador avança rapidamente. No entanto, isso não é uma fatalidade. Trata-se de uma correlação de forças muito desfavorável para a classe trabalhadora desde os anos 1980. Reverter esse quadro é a principal tarefa de um sindicalismo que privilegie a ação direta balizada pelo internacionalismo proletário.

A crise europeia revelou o aparecimento de embriões desse "novo sindicalismo" na Grécia e na Espanha.

Na sua visão, a ascensão social de quadros do sindicalismo para a burocracia estatal provocou mudanças nas lutas sindicais. Esse quadro permanece? Qual o impacto do mensalão nesse ponto? Algo está em mudança?

A transformação das camadas superiores do sindicalismo em gestores do capital financeiro e a fusão dos sindicatos com o aparelho de Estado praticamente sepultaram as chances de o sindicalismo lulista voltar a defender os interesses da classe trabalhadora. Basta olharmos para a proposta do Acordo Coletivo Especial (ACE) apresentada recentemente pela burocracia sindical para chegarmos a essa conclusão.

Não me parece que o julgamento do mensalão vá modificar isso. Apenas a revivificação das lutas sociais na base, associada ao surgimento de novas lideranças, poderá transformar esse quadro.

O senhor constata que a legislação trabalhista foi fruto de conquista. Como avalia a atual pressão empresarial para mudanças na CLT? Mudar a CLT seria um retrocesso do ponto de vista dos trabalhadores?

É preciso mudar a CLT em vários pontos. Mas não naqueles advogados por empresários e sindicalistas governistas. Para a esmagadora maioria dos trabalhadores que não está representada por sindicatos fortes, a predominância do negociado sobre o legislado significa perda de direitos.

Aqueles que clamam pela reforma da CLT pensam apenas em flexibilizar o trabalho. Na realidade, a força de trabalho brasileira é muito barata e nosso mercado de trabalho excessivamente flexível. É necessário reformar a CLT para garantir mais liberdade sindical e mais direitos aos trabalhadores. Necessitamos de uma cláusula contra a demissão imotivada. Os trabalhadores precisam de mais direitos, não de menos.

Qual o impacto das migrações internas e dos imigrantes de outros países no mercado de trabalho e no movimento sindical?

Historicamente, o movimento operário iniciou-se no final do século XIX com as imigrações italiana e espanhola. A crise da sociedade imperial e o advento da República Oligárquica estimularam políticas imigratórias, revolucionando o mercado de trabalho.

Os trabalhadores imigrantes e seus descendentes tornaram-se protagonistas políticos na primeira metade do século XX. A Greve Geral de julho de 1917, de flagrante inspiração anarquista, foi a certidão de nascimento do movimento operário no país.

Por sua vez, ao longo da industrialização fordista das décadas de 1950 e 1960, os migrantes nordestinos e mineiros assumiram progressivamente o controle dos sindicatos, deslocando os trabalhadores italianos e espanhóis para um plano secundário.

Ou seja, o militantismo está muito associado aos fluxos migratórios.

Dilma e a utopia brasileira[1]

Dois anos de raquitismo econômico foram suficientes para estimular até mesmo o apetite eleitoral de tradicionais aliados do Palácio do Planalto. Então, como explicar que, conforme recente pesquisa do Instituto Brasileiro de Opinião Pública e Estatística (Ibope), a popularidade de Dilma Rousseff tenha batido novo recorde?[2] Em tempos de agudo descrédito dos políticos tradicionais, quando um movimento liderado por um comediante reivindica o cargo de primeiro-ministro na Itália, por exemplo, desconfio que uma aprovação pessoal de quase 80% configure êxito político incomparável, ao menos entre países democráticos.

A referência a Beppe Grillo serve apenas para acentuar a atual façanha da presidente, mas não provê hipóteses acerca de sua popularidade. Para tanto, recorrerei a outro italiano. Em seus *Cadernos do Cárcere*, Antonio Gramsci propôs que aquele que deseja interpretar a vida política nacional precisa apreender os movimentos "orgânicos" e "conjunturais" em sua unidade contraditória, isto é, como duas faces de uma mesma moeda. Assim, movimentos conjunturais transformam-se

---

1 Publicado no jornal O *Estado de S. Paulo* em 24 de março de 2013.

2 Daniel Carvalho. "Campos minimiza pesquisa que mostra crescimento de popularidade de Dilma no NE". *Folha de S.Paulo*, 19 mar. 2013.

100 Ruy Braga

em atualizações de processos orgânicos, em seu "vir a ser" saturado de múltiplos sentidos.[3]

Recorro a Gramsci a fim de esboçar uma hipótese para o enigma da existência de uma robusta aprovação popular em um frágil contexto econômico: muito além de sua presença em Santa Maria (RS), do reforço do Programa Bolsa Família (PBF) ou da redução das contas de luz, a popularidade de Dilma Rousseff explica-se pela capacidade de a presidente associar seu governo à "utopia brasileira".

Explico-me: do ponto de vista das classes subalternas, como bem demonstrou o sociólogo Adalberto Cardoso, nossa industrialização fordista ocorreu sob o signo da Consolidação das Leis do Trabalho (CLT).[4] Com a CLT, o regime varguista criou um campo legítimo de disputas, rapidamente ocupado pelo proletariado precarizado. Após a Segunda Guerra Mundial, alguns milhões de trabalhadores migrantes, atraídos pela possibilidade de proteção trabalhista, assim como pelos novos empregos industriais, deixaram o campo e as pequenas cidades do interior, acantonando-se nas periferias das grandes metrópoles.

Símbolo desse processo, a carteira de trabalho passou a evocar a promessa da cidadania salarial: ao progresso material iria se somar a proteção do trabalhador. No entanto a simples existência de leis trabalhistas jamais garantiu a satisfação dessa expectativa histórica. Ao contrário, desde os anos 1940 as classes subalternas mobilizam-se ininterruptamente a fim de garantir, efetivar e ampliar seus direitos da cidadania previstos na lei. Por isso, não me parece exagerado afirmar que, no Brasil, em grande medida, a consciência da classe trabalhadora confunde-se com a consciência do direito a ter direitos.

Ainda estamos muito longe de ver aquela promessa cumprida. A resiliência da informalidade e do subemprego, os baixos salários, a alta rotatividade, o aumento do número de acidentes de trabalho,

---

3   Antonio Gramsci. *Cadernos do Cárcere*. Rio de Janeiro, Civilização Brasileira, 1999. v. 1.

4   Adalberto Cardoso. *A construção da sociedade do trabalho no Brasil*: uma investigação sobre a persistência secular das desigualdades. Rio de Janeiro: FGV, 2010.

A pulsão plebeia 101

o avanço da terceirização, a flexibilidade da jornada e o endividamento das famílias bloqueiam essa possibilidade para a maioria dos
subalternos. No entanto não eliminam a confiança no cumprimento da promessa. Afinal, mesmo com baixo crescimento econômico,
123 mil empregos formais foram criados em fevereiro deste ano e,
segundo o Departamento Intersindical de Estatística e Estudos
Socioeconômicos (Dieese), 94% das categorias profissionais conse-
guiram aumentos reais em 2012.[5]

A popularidade recorde da presidente Dilma repousa na capacidade de seu governo alimentar a esperança dos trabalhadores na utopia
brasileira. Tendo em vista a continuidade desse processo é que políticas
ocasionais, como a desoneração da folha salarial de setores trabalho-
-intensivos, a exemplo da construção civil, devem ser avaliadas.

Apesar do desempenho econômico, Dilma tem reproduzido a
principal característica do atual regime hegemônico: a unidade entre
o consentimento ativo das direções dos movimentos sociais e o consentimento passivo das classes subalternas. Vale observar que o adjetivo
"passivo" qualifica o substantivo "consentimento", e não os próprios
subalternos. Estes continuam agindo politicamente, mas sem um projeto autônomo. Em suma, aderiram ao atual modo de regulação.

Até o momento, a elevação do número de greves não foi capaz de
desafiar a estabilidade desse regime. E a lembrança ainda vívida de
uma década de 1990 marcada pelo antípoda da utopia brasileira, isto
é, pelo desemprego de massas, desestimula nos trabalhadores o desejo de buscar alternativas oposicionistas. Se nem mesmo a reprodução
despótica do trabalho precarizado, característica histórica da acumulação periférica, foi capaz de afastar as classes subalternas da burocracia
lulista, que dirá o atual governador de Pernambuco? Arriscaria dizer
que, enquanto o mercado de trabalho estiver aquecido, Dilma não terá
adversários à altura em 2014.

---

5 Dieese, Balanço das negociações dos reajustes salariais de 2012. *Estudos e Pesquisas*, n.
64, mar. 2013.

Desassossego na cozinha[1]

S e confiarmos no atual estado de desassossego dos bairros nobres da cidade, concluiremos que a luta de classes chegou às cozinhas. Patroas descobrem aflitas que as empregadas não aceitam mais receber um salário mínimo. Além dos direitos garantidos, como férias de vinte dias úteis e vale-transporte, elas passaram a demandar o seguro-desemprego. Faltam braços e afloram comportamentos inusitados: suprema audácia, as domésticas requerem o depósito do Fundo de Garantia do Tempo de Serviço (FGTS) e recusam-se a dormir no trabalho. Remanescente arquitetônico dos tempos da casa-grande, o cubículo dos fundos dos apartamentos paulistanos está lentamente mudando de serventia e vira depósito.

Eis a lamúria. No entanto, se deixarmos de lado as enraizadas disposições culturais da classe média alta, o momento atual do trabalho doméstico adquire tonalidades menos agudas. Em primeiro lugar, não é verdade que o aquecimento do mercado de trabalho brasileiro enfraqueceu a oferta de serviços domésticos. Segundo a Pesquisa Nacional por Amostra de Domicílios, entre 1999 e 2009 o número de trabalhadores domésticos saltou de 5,5 milhões para 7,2 milhões. Aquietai-vos,

---

1 Publicado no jornal *O Estado de S. Paulo* em 19 de janeiro de 2013.

104   Ruy Braga

patroas, pois o emprego doméstico segue firme como a principal ocupação nacional, acompanhado de longe pelo trabalho no telemarketing (1,4 milhão).[2]

Na realidade, o baixo nível de desemprego, em torno de 5% da população economicamente ativa – índice mascarado pela grande participação do emprego formal precarizado –, elevou as expectativas dos trabalhadores subalternos.[3] De fato, as empregadas estão mais exigentes. Mas, afinal, o que isso significa? Apenas que não aceitam trabalhar por menos de 1,5 salário mínimo, esperando alcançar direitos sociais já desfrutados pelos demais trabalhadores. Por que isso causaria assombro?

A razão é simples: no Brasil, o emprego doméstico é uma das mais antigas formas de trabalho assalariado, remontando ao período da escravidão. Assim, não é coincidência que, ainda hoje, mais de 60% da força de trabalho doméstica seja formada por negros. Além disso, cerca de 93% dos mais de 7 milhões de trabalhadores domésticos são mulheres. Elas são as genuínas herdeiras das escravas da casa-grande. Invisíveis à fiscalização do poder público, mesmo na principal metrópole brasileira, em 2009 apenas 38% das empregadas tinham carteira de trabalho. Em todo o país, a formalização do trabalho doméstico mal alcança os 30%.[4]

Contribuem para esses números vexatórios a baixa escolarização e as enormes dificuldades autoassociativas inerentes ao processo de trabalho doméstico. Sem mencionar as tradicionais formas passivas de resistência "molecular", como atrasos e faltas frequentes, ficaria surpreso se as empregadas não aproveitassem a atual correlação de forças

---

2   Ver dados citados por Sirlei Márcia de Oliveira e Patrícia Lino Costa. "Condicionantes para a profissionalização do trabalho doméstico no Brasil: um olhar sobre a profissão em duas regiões metropolitanas – São Paulo e Salvador – na última década". 36 *Encontro Anual da Anpocs*, Águas de Lindoia, 21 a 25 out. 2012.

3   Pedro Soares. "Taxa de desemprego em 2012 fica em 5,5%, menor nível em dez anos". *Folha de S.Paulo*, 31 jan. 2013.

4   Sirlei Márcia de Oliveira e Patrícia Lino Costa. "Condicionantes para a profissionalização do trabalho doméstico no Brasil", *op. cit.*

A pulsão plebeia   105

existente no mercado de trabalho para exigir, além do pleno *début* na cidadania salarial, salários e condições de trabalho menos degradantes. Ao fazê-lo, elas apenas percorrem a trajetória histórica da classe trabalhadora: do campo para as cidades, atraída por direitos sociais, serviços públicos e oportunidades de profissionalização.

Em minha pesquisa de campo sobre os operadores de telemarketing, publicada recentemente,[5] tive a oportunidade de entrevistar inúmeras filhas de empregadas que identificavam no contraponto ao trabalho doméstico – destituído de prestígio, desqualificado, sub-remunerado e incapaz de proporcionar um horizonte profissional – a principal razão de ter buscado o *call center* em vez de seguir os passos das mães – mesmo quando a diferença salarial era favorável ao emprego doméstico. No telemarketing, essas jovens perceberam a oportunidade de: 1) alcançar direitos sociais, e 2) terminar a faculdade particular noturna que o serviço doméstico, devido à incerteza dos horários, é incapaz de prover.

Mesmo que o ciclo do emprego no *call center* frequentemente frustre a esperança de progresso ocupacional – afinal, a rotatividade é muito alta e os salários, muito baixos –, ainda assim o telemarketing segue atraindo a fração mais jovem e escolarizada do grupo de domésticas. Como nesse setor a jornada de trabalho é de seis horas diárias e não há informalidade, a teleoperadora vive a oportunidade de alcançar direitos e terminar uma faculdade noturna.

Tomando pelo avesso a lamúria da classe média alta, é possível dizer que a preocupação das patroas prefigura um autêntico progresso social sumariado pela Proposta de Emenda à Constituição 478/10. Em trâmite no Senado, essa proposta iguala os direitos das empregadas aos dos demais trabalhadores com registro em carteira, assegurando jornada de trabalho de 44 horas semanais, FGTS, seguro-desemprego, horas extras e adicional noturno. Caso a proposta seja aprovada, seria um passo importante para a consolidação da precária cidadania salarial brasileira. E a luta de classes na cozinha teria cumprido parte de seu papel histórico.

---

5   Ruy Braga. A *política do precariado, op. cit.*

Parte III
Indignação

Treinamento bélico, violência sistemática[1]

No final de maio, o Conselho de Direitos Humanos da Organização das Nações Unidas (ONU) sugeriu a extinção da Polícia Militar (PM) no Brasil. Com isso, um tema emerge: é possível garantir a segurança da população sem o recurso à violência militar? Entendemos que sim.

No entanto, para que isso aconteça é preciso desnaturalizar o discurso populista de direita a respeito das "classes perigosas", que credita a violência à população pobre das cidades.

Antes de tudo, devemos reconhecer que a violência urbana é uma questão de ordem socioeconômica. Exatamente por isso, para combatermos a criminalidade a contento é necessária uma abordagem que priorize o desenvolvimento de políticas sociais capazes de enfrentar a pobreza e a degradação social.

Mas, como vimos recentemente no Pinheirinho, na cracolândia ou na Universidade de São Paulo (USP), o Estado brasileiro sustenta há décadas uma política de militarização dos conflitos sociais.

---

1 Publicado por Ruy Braga e Ana Luiza Figueiredo na *Folha de S.Paulo* em 28 de julho de 2012.

Ruy Braga

As razões para isso deitam raízes profundas em nossa história recente: o modelo policial brasileiro foi estruturado durante a ditadura militar, apoiando-se na ideologia da segurança nacional.

O núcleo racional dessa doutrina, vale lembrar, afirmava que o principal inimigo do Estado encontrava-se no interior das fronteiras brasileiras. Rapidamente, o inimigo interno confundiu-se com a própria população pobre do país.

O Decreto-Lei n. 667, de 2 de julho de 1969, atribuiu ao Ministério do Exército o controle e a coordenação das polícias militares, por intermédio do Estado-Maior do Exército. O comando geral das polícias militares passou a ser exercido por oficiais superiores do Exército, subordinados, hierárquica e operacionalmente, ao Estado-Maior do Exército.

Os policiais militares submeteram-se então a uma Justiça especial, muito rigorosa quando se trata de infrações disciplinares, mas absolutamente condescendente com os crimes contra a população.

A despeito da redemocratização da década de 1980, a estrutura policial continuou a mesma, ou seja, prioritariamente orientada para a defesa daqueles interesses classistas que deram origem à ditadura.

Na verdade, uma polícia criada para o enfrentamento bélico não pode promover senão a violência sistemática contra os setores mais explorados e dominados dos trabalhadores brasileiros: a população pauperizada, os negros, os homossexuais e toda sorte de excluídos.

Enquanto 10 cidadãos em cada 100 mil habitantes tombam vítimas da violência urbana no Alto de Pinheiros (bairro nobre da região sudoeste da cidade), 222 são mortos no Jardim Ângela (zona Sul da cidade, próximo ao Capão Redondo, considerado a terceira região mais violenta do mundo).

Esse dado serve para derrubar a tese diligentemente construída por setores conservadores da sociedade paulistana: a elite, a maior vítima da violência urbana.

O processo de redemocratização da sociedade brasileira trouxe para a ordem do dia a questão da desmilitarização da polícia. Entendemos que, igualmente, o Corpo de Bombeiros deveria ser parte de um

A pulsão plebeia   111

sistema articulado de defesa civil, recebendo um salário digno, uma formação adequada e conquistando o direito à sindicalização.

Em suma, tanto a polícia quanto o Judiciário deveriam estar a serviço da segurança das famílias trabalhadoras. Em vez de se balizarem pelo arbítrio dos dominantes, deveriam prestar contas aos sindicatos, às associações de moradores e às entidades de direitos humanos.

A desmilitarização da polícia é uma exigência democrática sem a qual, 25 anos depois, a sociedade brasileira ainda não terá superado a ditadura.

Os dias que abalaram o Brasil[1]

"as percepções humanas aguçam-se estranhamente quando [...]
a multidão de repente torna-se ela mesma justiceira do caso"
(Herman Melville, O *vigarista*)

Uma era de rebeliões em escala global

Junho de 2013 entrará para a história das rebeliões sociais no Brasil como uma data emblemática. Começando em 6 de junho com uma passeata em São Paulo, com aproximadamente 2 mil pessoas, contra o aumento das tarifas no transporte público, os jovens do Movimento Passe Livre (MPL) não poderiam imaginar que estariam sacudindo o Brasil, numa explosão que só teve similar – ao menos no que concerne a sua amplitude, ainda que sob formas bastante diferentes – nas campanhas pelo impeachment de Fernando Collor de Mello, em 1992, e pelas eleições diretas, em 1985, ainda sob a ditadura militar.

De lá para cá houve manifestações nos dias 7, 11, 13, chegando a um ponto espetacular em 17 de junho, com mais de 70 mil

---

1 Publicado por Ricardo Antunes e Ruy Braga na revista *Herramienta*, Buenos Aires, n. 53, jul.-ago. 2013.

participantes em São Paulo, dezenas de milhares no Rio de Janeiro, Porto Alegre, Belo Horizonte, enfim, em praticamente todas as capitais do país, das grandes às pequenas cidades, do centro às periferias, numa explosão popular que balançou os pilares da ordem. Em 20 de junho, quase 400 cidades, incluindo 22 capitais, saíram em manifestações e passeatas, aglutinando mais de 1 milhão de pessoas, segundo as informações e cálculos da imprensa, como se fosse possível fazer uma somatória precisa do verdadeiro oceano popular presente nas manifestações. O país da "cordialidade" mostrava, uma vez mais, que sabe também se rebelar. A explosão chegou a praticamente todos os rincões do país.

O entendimento dessa verdadeira rebelião popular é impossível neste momento. O que aqui pretendemos, portanto, é tão somente indicar alguns *pontos de partida* capazes de tentar compreender os porquês de sua explosão, recolher um pouco de seu desenho empírico e, por fim, tentar apresentar alguns de seus traços, durante estes pouco mais de vinte dias de levante social que, aliás, vive mutações cotidianas. Para uma análise mais profunda, será preciso mais tempo. Mas não temos condições de fazer. Alguém já disse um dia que é "melhor viver uma experiência do que escrever sobre ela", numa glosa inteiramente livre, que aqui vale como metáfora.

Talvez seja possível sugerir que sua explosão deveu-se a uma *processualidade interna*, de superação de um longo período de letargia, articulada com uma *processualidade externa*, caracterizada por uma época de sublevações em escala global, que se ampliaram enormemente a partir da crise estrutural de 2008. Essas manifestações, com todas as suas particularidades e singularidades, têm algo em comum: as massas populares apropriam-se do espaço público, das ruas, das praças, exercitando práticas mais plebiscitárias, mais horizontalizadas, além de estampar um descontentamento em relação tanto às formas de representação e de institucionalidade que caracterizam as "democracias" vigentes nos países capitalistas, quanto àquelas com clara feição ditatorial, como ocorre em vários países do Oriente Médio.

A pulsão plebeia   115

Nos últimos anos, adentramos em uma nova era de lutas sociais. Os exemplos da Grécia, Itália, França, Inglaterra, Espanha, Portugal e Estados Unidos – para nos atermos a alguns países do Norte ocidental – são significativos. Lutas que têm um conteúdo por certo heterogêneo, polissêmico, mas que também expressam claras conexões entre os temas do trabalho, da precarização, do desemprego, aflorando as ricas transversalidades existentes entre classes, gêneros, gerações e etnias, temas que são centrais nessas lutas.

Se a crise estrutural do capital vem ampliando significativamente as diversas formas de precarização do trabalho e intensificando o desemprego, o cenário social rico e complexo que se descortina é o da *mundialização das lutas sociais*. Para não voltar muito no tempo, podemos recordar as explosões ocorridas na França, em fins de 2005, com o enorme contingente de imigrantes (trabalhadores pobres, *sanspapiers*) e a destruição de milhares de carros (símbolo da sociedade do século XX), ou ainda as manifestações, nos inícios de 2006, com os estudantes e trabalhadores na luta contra o Contrato de Primeiro Emprego.

Com o agravamento da crise, na virada da década, a temperatura social aumentou: na Grécia ocorreram várias manifestações repudiando os receituários do Banco Central Europeu e do Fundo Monetário Internacional em benefício das grandes corporações financeiras. E a pólis moderna grega presenciou uma nova *rebelião do coro*.

Depois vieram as revoltas no mundo árabe: cansada do binômio ditadura e pauperismo, a Tunísia iniciou a era das rebeliões que se estendem até os dias atuais. Os ventos rapidamente sopraram para o Egito em manifestações plebiscitárias diuturnas na praça Tahrir, conectadas pelas redes sociais, que exigiam dignidade, liberdade, melhores condições de vida e, se no início lutavam pelo fim da ditadura de Mubarak, no presente, em fins de 2011, lutam pelo fim do controle militar no país.

Em Portugal, essas lutas tornaram-se emblemáticas: em março de 2011 explodiu o descontentamento da Geração à Rasca. Milhares de manifestantes, jovens e imigrantes, precarizados e precarizadas, desempregados e desempregadas, expressaram de modo vivo e límpido seu monumental descontentamento.

No caso brasileiro – e recorrendo a uma figura geométrica – é como se existissem muitas curvas multiformes que acabaram por encontrar seu *ponto de convergência* em junho de 2013. Vamos, a seguir, dar alguns elementos para sua melhor compreensão.

O desmoronamento do mito brasileiro

Exatamente no período em que as classes dominantes queriam celebrizar espetacularmente, como sendo uma festa "popular", a realização da Copa das Confederações – profundamente imperial e imperialista, comandada pela Federação Internacional de Futebol (Fifa) e pelos grandes empreendimentos capitalistas –, o plano gorou. O que parecia sólido desmanchou-se no ar. Por quê?

O Brasil esteve à frente das lutas políticas e sociais na década de 1980, conseguindo retardar a implantação do neoliberalismo, fazendo com que a chamada "década perdida" – como aquele período normalmente é denominado pelos capitais – fosse, para os movimentos sociais e políticos populares, seu exato inverso. Naquela década floresceu um forte sindicalismo de oposição, de que a criação da Central Única dos Trabalhadores (CUT) em 1983 foi exemplo. As greves caminharam em sentido inverso às tendências regressivas presentes no mundo ocidental, e o Brasil teve uma das mais altas taxas de greves do mundo ocidental. Nasceram incontáveis movimentos sociais, como o Movimento dos Trabalhadores Rurais Sem Terra (MST), em 1984. Ampliou-se a oposição à ditadura militar, convocou-se uma Assembleia Nacional Constituinte em 1986 e vivenciamos, em 1989, um processo eleitoral que dividiu o Brasil em dois projetos distintos.

A década de 1990, entretanto, foi avassaladora: neoliberalismo, reestruturação produtiva, financeirização, desregulamentação, privatização e desmonte. Foi o que denominamos como a *era da desertificação neoliberal* no Brasil.

Assim, quando ocorreu a vitória política de 2002, com a eleição presidencial de Lula da Silva, o cenário era profundamente diverso dos anos 1980. Como a história é cheia de surpresas, caminhos e descaminhos, a eleição de 2002 acabou por se converter na *vitória da derrota*.

Oscilando entre muita *continuidade* com o governo de Fernando Henrique Cardoso e pouca mudança, mas nenhuma com substância, o primeiro mandato de Lula terminou de modo desolador, o que o obrigou a fazer mudanças de rota, sempre com muita moderação e nenhuma confrontação. Programa Bolsa Família (PBF) e altíssimos lucros bancários e financeiros; aumento do salário mínimo quando comparado aos dos governos de Fernando Henrique, mas também enriquecimento crescente de inúmeros setores da grande burguesia; nenhuma reforma agrária e muito incentivo ao agronegócio, que só obteve vantagens durante os dois governos do presidente do Partido dos Trabalhadores (PT).

Entre o primeiro e o segundo mandatos de Lula, foi se gestando um modelo de desenvolvimento apoiado, por um lado, no aumento dos gastos sociais e, por outro, na reprodução da ortodoxia *rentista* representada pela independência operacional do Banco Central, altas taxas de juros e flutuação cambial. Além disso, a fim de administrar os crescentes encargos impostos pela dívida pública e visando a recuperar o apoio perdido em importantes setores da classe trabalhadora brasileira, o governo federal estimulou a formalização do mercado de trabalho. Esse processo fez com que os trabalhadores acendessem a um patamar superior de proteção social. A aceleração do ritmo de crescimento da economia na última década, em grande medida puxada pela elevação no preço das commodities brasileiras, coroou a combinação entre o aumento dos gastos sociais e a ampliação da cobertura da proteção trabalhista.

Assim, a hegemonia petista consolidou-se por meio da combinação de duas formas de consentimento popular: por um lado, as lideranças petistas incorporaram – por meio de milhares de cargos administrativos de assessoramento e do controle sindical dos fundos de pensão – muitos movimentos sociais e populares ao governo, conduzindo o movimento sindical a uma verdadeira "fusão" com o aparelho de Estado; por outro, os setores mais empobrecidos e parte dos segmentos mais precarizados da população trabalhadora foram seduzidos pelas políticas públicas do governo federal, em especial pelo PBF, pelo crédito direto e pelos aumentos reais do salário mínimo.

Com essa política, Lula, nosso "homem duplicado", renasceu das cinzas em seu segundo mandato. Terminou o governo em alta: ao mesmo tempo em que fez seu sucessor, desorganizou a quase totalidade do movimento opositor. Era difícil opor-se ao ex-líder metalúrgico, cuja densidade fora solidamente construída nos anos 1970 e 1980.

Quem se lembra de sua situação em 2005, atolado no mensalão, e dele se recorda no fim de seu mandato, em 2010, sabia que estava à frente de uma variante de político dos mais qualificados, capaz de fazer muitas metamorfoses para preservar sua força e apoio. Se Dilma Rousseff, sua criatura política – uma espécie de gestora de ferro – foi capaz de vencer as eleições em 2010, já sabíamos que algo maior lhe faltava: a densidade social que sobrava em Lula.

Com paciência, espírito crítico e muita persistência, os movimentos populares haveriam de superar esse difícil ciclo. Afinal, além dos avanços da formalização, do mercado de trabalho aquecido e dos ganhos reais do salário mínimo, o atual modelo de desenvolvimento também se apoiou sobre o aumento do número de acidentes de trabalho, o incremento do ritmo da rotatividade do trabalho, a elevação das taxas de terceirização e flexibilização da força de trabalho, além do declínio do atendimento do transporte público, da saúde e da educação, que estão na linha de frente das atuais manifestações.

Essa outra face do atual modelo de desenvolvimento – que ficava um pouco à margem, mas era real – alimentou um estado mais ou menos permanente de insatisfação entre os trabalhadores, em especial entre os setores mais jovens, não qualificados, semiqualificados e sub-remunerados. Não devemos esquecer que, nos últimos dez anos, 94% dos empregos criados no mercado formal de trabalho

A pulsão plebeia   119

brasileiro remuneravam até 1,5 salário mínimo[2] (sendo que o salário mínimo é, pela cotação de junho de 2013, de aproximadamente 320 dólares por mês).

Se levarmos em consideração que do total desses empregos, pouco mais de 60% foi preenchido por jovens entre 18 e 28 anos de idade, perceberemos que a inquietação social promovida pela percepção dos limites do atual modelo tendeu a se concentrar entre os setores formados por jovens trabalhadores precarizados recebendo pouco mais do que 1,5 salário mínimo.[3] E esse contingente cumpriu um papelchave na deflagração do levante popular de junho de 2013 no Brasil.

Um primeiro desenho da rebelião

Conforme pesquisa realizada pela consultoria Plus Marketing na passeata do dia 20 de junho de 2013, na cidade do Rio de Janeiro, a maioria dos manifestantes encontra-se no mercado de trabalho (70,4%), ganhando até um salário mínimo (34,3%). Se somarmos estes aos que ganham entre dois e três salários mínimos (30,3%), temos que mais de 64% do total de 1 milhão de pessoas que foram às ruas no Rio de Janeiro são parte desse proletariado precarizado urbano.[4] Se, no início, havia um predomínio da juventude estudantil, ela desde logo se mesclou aos assalariados médios urbanos e, já há vários dias, atingiu profundamente as periferias, com um cenário de manifestações e reivindicações que tocam diretamente as classes populares.

Não por acidente, os manifestantes e seus movimentos sociais, populares e estudantis perceberam que, para além do crescimento econômico, do mito falacioso da "nova classe média", há uma realidade profundamente crítica em todas as esferas da vida cotidiana dos

---

2   Marcio Pochmann. *Nova classe média?*, *op. cit.*

3   *Ibidem.*

4   Ver dados citados por André Singer. "Quatro notas sobre as classes sociais nos dez anos do lulismo". In: Fundação Perseu Abramo e Fundação Friedrich Ebert (orgs.). *Classes? Que classes?*. São Paulo: Fundação Perseu Abramo/ Fundação Friedrich Ebert, 2014.

120   Ruy Braga

assalariados. Na saúde pública vilipendiada, no ensino público depauperado, na vida absurda das cidades, entulhadas de automóveis pelos incentivos antiecológicos do governo do PT. Na violência que não para de crescer e nos transportes públicos relativamente mais caros (e precários) do mundo.

Não poucos analistas e políticos disseram-se surpresos com o atual ciclo de mobilização popular. No entanto apenas os "desavisados" não haviam percebido que uma tempestade aproximava-se rapidamente das grandes metrópoles. Bastaria lembrar a onda de paralisações, greves e rebeliões operárias que se espalhou em março de 2011 pela indústria da construção civil, atingindo algumas das principais obras do Programa de Aceleração do Crescimento (PAC) do governo federal: 22 mil trabalhadores parados na hidrelétrica de Jirau, em Rondônia; 16 mil na de Santo Antônio; alguns milhares na de São Domingos, no Mato Grosso do Sul; 80 mil trabalhadores grevistas em diferentes frentes de trabalho na Bahia e Ceará; dezenas de milhares no Complexo Petroquímico de Suape, em Pernambuco; e por aí vai... Tudo somado, o Departamento Intersindical de Estatística e Estudos Socioeconômicos (Dieese) calculou em 170 mil o número de trabalhadores que, somente em março de 2011, cruzaram os braços.[5]

Sem mencionar outras importantes greves nacionais ocorridas em 2011, como a dos bancários e a dos trabalhadores dos correios, por exemplo, o impulso grevista permaneceu ativo em 2012. Nas obras da hidrelétrica de Belo Monte, cerca de 7 mil trabalhadores espalhados por todas as frentes de trabalho cruzaram os braços por 12 dias. No Complexo Petroquímico do Rio de Janeiro (Comperj), localizado em Itaboraí (RJ), pelo menos 15 mil trabalhadores entraram em greve no dia 9 de abril, permanecendo 31 dias parados. Ainda no início do ano, foram registrados 10 dias de greve em Jirau e na plataforma da Petrobras em São Roque do Paraguaçu (BA), além de novas

---

5   Ver Guilherme Soares Dias. "Número de greves em 2011 foi o maior desde 1997, diz Dieese". *Valor Econômico*, São Paulo, 29 nov. 2012.

A pulsão plebeia   121

paralisações em Suape, greves em várias obras dos estádios da Copa do Mundo de futebol etc.

Nas pautas operárias, encontramos invariavelmente demandas por reajuste dos salários, adicional de periculosidade, equiparação salarial para as mesmas funções, direito de voltar para as regiões de origem a cada noventa dias, fim dos maus-tratos, melhoria de segurança, da estrutura sanitária e da alimentação nos alojamentos... Ou seja, demandas que remetem ao velho regime fabril despótico, agora revigorado pelas terceirizações e subcontratações.

Segundo dados atualizados do Dieese, o número de horas paradas em 2012 foi 75% superior ao de 2011, alcançando um pico histórico inferior apenas aos anos de 1989 e 1990.[6] A combinação de desaceleração do crescimento econômico com um mercado de trabalho ainda aquecido pode nos ajudar a explicar esse importante fenômeno. Estava se rompendo, portanto, o quadro de letargia inaugurado em 2002, quando Lula ganhou as eleições presidenciais.

Além disso, nenhum dos dois governos de Lula da Silva criou novos direitos sociais. A despeito da recente equiparação dos direitos trabalhistas das empregadas domésticas, Dilma Rousseff seguiu pelo mesmo caminho. Se os sucessivos governos petistas aumentaram largamente os gastos sociais, o mesmo não pode ser dito a propósito dos gastos com saúde e educação.

A questão da efetivação e ampliação dos direitos sociais é chave para entendermos as bases sociais da maior revolta popular da história brasileira. Afinal, desde os anos 1950 o proletariado precarizado mobiliza-se pela efetivação e ampliação dos direitos sociais.

A massa de trabalhadores jovens e precarizados que ganhou as ruas no mês de junho sabe que, para alcançar seus objetivos, não pode contar nem com o Partido da Social Democracia Brasileira (PSDB), nem com o PT. Afinal, há décadas esses partidos são parte *diferenciada* de uma *mesma* lógica, que a cada eleição negocia milhões de reais de

---

6   Dieese, *Estudos e Pesquisas*. Balanço das Greves em 2012, n. 66, maio 2013.

financiamento por inúmeros acertos e acordos com grandes construtoras, empresas de ônibus etc.

Isso ajuda a compreender a formação desse sentimento antipartidário, alimentado por um sentimento igualitarista resistente ao desigual jogo político parlamentar. Trata-se de um sentimento que merece ser elaborado, refletido e assimilado pelas forças coletivas (partidárias ou não) que têm animado os atuais protestos.

Mas o sentimento popular expressa também – e decisivamente – clara repulsa à Copa das Confederações "branqueada", sem negros e pobres nos estádios; ao fosso colossal existente entre as representações políticas tradicionais e o clamor das ruas; à brutalidade da violência da Polícia Militar (PM) de Geraldo Alckmin (governador do PSDB no estado de São Paulo), com o apoio de Fernando Haddad (prefeito do PT na cidade de São Paulo).

O campo de batalhas, suas reivindicações e modos de ser

A fim de entendermos a atual dinâmica das mobilizações, é necessário, em primeiro lugar, localizar o papel que a luta de redução das tarifas de ônibus desempenhou na atual conjuntura. Nesse domínio, boa parte dos analistas políticos mostrou-se surpreso com o forte apoio popular recebido pelo MPL em sua luta por revogar o aumento de vinte centavos da tarifa do transporte urbano. No entanto, como foi ficando cada dia mais claro no decorrer das manifestações, nunca se tratou *exclusivamente* de um aumento do preço da passagem de ônibus e metrô. Na realidade, estamos diante da ruidosa transformação de uma inquietação social latente e difusa em uma aberta, a despeito de ainda inorgânica, insatisfação social.

Aqueles que se dedicam a analisar a dinâmica histórica das explosões sociais nas periferias das grandes metrópoles brasileiras conhecem o potencial mobilizador do transporte coletivo. Afinal, se os reajustes dos preços dos alimentos, aluguéis e serviços, por exemplo, ocorrem de forma fragmentada, diluindo-se ao longo dos meses, o reajuste da

A pulsão plebeia   123

passagem de ônibus, pelo fato de ser uma tarifa regulada politicamente, dá-se de uma única vez, atingindo a massa de trabalhadores ao mesmo tempo. Assim, em junho de 2013, observamos, tendo a cidade de São Paulo como epicentro político, a revolta contra os reajustes alcançar uma escala nacional.

O contexto inicial já é bastante conhecido: em janeiro de 2013, a pedido do governo federal, a prefeitura de São Paulo adiou o reajuste das tarifas do transporte coletivo, em uma estratégia para não impactar a inflação; em maio, mesmo com a suspensão pelo governo federal da cobrança de dois impostos que incidem sobre as tarifas de transporte urbano (ônibus, trem e metrô), a prefeitura municipal e o governo do estado de São Paulo anunciaram o reajuste de três reais para três reais e vinte centavos. Em resposta ao anúncio do aumento, no dia 6 de junho de 2013, o MPL, como já havia feito após reajustes anteriores, organizou um ato, que reuniu, segundo estimativa da PM, cerca de 2 mil pessoas na avenida Paulista.

Entre os dias 7 e 13 de junho de 2013, o MPL organizou outros três protestos, reunindo mais de 15 mil manifestantes que marcharam na avenida Paulista, na Marginal do rio Pinheiros e pelas ruas do centro da cidade. O protesto do dia 13 de junho, no entanto, representou o momento da guinada. Após uma intensa campanha midiática que pedia a repressão aos "vândalos", a PM do estado de São Paulo decidiu reprimir duramente os militantes do MPL, utilizando bombas de gás lacrimogêneo, bombas de efeito moral e tiros de bala de borracha de maneira indiscriminada. Sem mencionar os inúmeros presos e detidos, durante a violenta ação da PM inúmeros manifestantes ficaram feridos, entre eles 22 jornalistas que faziam a cobertura do confronto.

Depois desse dia, um forte sentimento de indignação tomou conta da cidade de São Paulo, e a manifestação convocada pelo MPL para a segunda-feira, 17 de junho de 2013, reuniu aproximadamente 100 mil pessoas no largo da Batata, região oeste da capital paulista, iniciando uma passeata que tomou conta da avenida Brigadeiro Faria Lima, dirigindo-se, como nos cinco dias anteriores, tanto para a Marginal do rio

Pinheiros quanto para a avenida Paulista. Nessa ocasião, o movimento de massas já não mais podia ser reprimido pela PM e cumpriu com a promessa feita no início das jornadas de junho: "Se a tarifa não baixar, São Paulo vai parar".

Ao longo desses dias, amplos setores da juventude paulistana, majoritariamente formados por trabalhadores jovens e inseridos em condições precárias de trabalho, além de sub-remunerados, manifestaram publicamente sua insatisfação com os limites de um modelo de desenvolvimento que se apoiou na espoliação do espaço urbano por meio do conluio entre incorporadoras, construtoras, empresas de transporte e poder público. De fato, no dia 17 de junho de 2013, os jovens expressaram seu desejo de inventar outra metrópole, um lugar generoso onde as diferenças pudessem ser acolhidas, os serviços públicos funcionassem a contento para as amplas maiorias, e a cidade não permanecesse como propriedade de uns poucos privilegiados.

A imagem de 100 mil pessoas caminhando por entre os prédios envidraçados dos bancos e corporações na avenida Faria Lima em direção à região da avenida Engenheiro Luís Carlos Berrini – no bairro do Brooklin, região sul de São Paulo, um ponto estratégico da cidade, próximo às grandes avenidas, onde fica a estação transporte coletivo Berrini – traduziu esse desejo em um clima festivo, no qual incontáveis cartazes foram exibidos de forma totalmente espontânea por uma massa de jovens que cantava o tempo todo:

"Se o povo acordar, eles não dormem!"

"Não adianta atirar, as ideias são à prova de balas!"

"Não é por centavos, é por direitos!"

"Põe a tarifa na conta da Fifa!"

"Verás que um filho teu não foge à luta!"

"Se seu filho adoecer, leve-o ao estádio!"

"Ô fardado, você também é explorado!"

"Oi, Fifa, paga minha tarifa!"

O sucesso dessa manifestação foi coroado no dia seguinte, quando mais de 50 mil pessoas participaram da manifestação na praça da Sé,

A pulsão plebeia   125

em São Paulo, levando a prefeitura municipal e o governo do estado a suspender o reajuste da tarifa no dia 19 de junho.

A partir dessa inegável vitória, o movimento de rua espalhou-se pelas principais cidades do país, a ponto de uma pesquisa nacional realizada pela Confederação Nacional do Transporte (CNT) e Instituto Brasileiro de Opinião Pública e Estatística (Ibope), publicada no dia 21 de junho, indicar que 75% da população apoiavam as manifestações e que 6% dos entrevistados (equivalente a 12 milhões de pessoas) haviam participado de algum dos protestos.[7] Além disso, a pauta de reivindicações transcendeu o tema do direito ao transporte coletivo de qualidade, expandindo-se para demandas a respeito de outros serviços públicos, notoriamente saúde e educação. Com a nacionalização do movimento popular, a presidente Dilma Rousseff decidiu pronunciar-se em rede nacional e afirmou estar "atenta ao apelo das ruas". Em seguida, reuniu-se com representantes do MPL, além de prefeitos e governadores de estado, no dia 24 de junho de 2013, a fim de negociar um pacto nacional pela melhoria dos serviços públicos.

Uma pré-conclusão: O que será, que será?

Até o momento em que finalizamos este texto, em 3 de julho de 2013, as incontáveis manifestações ocorridas em 388 cidades e 22 capitais permitem-nos afirmar que o balanço das Jornadas de Junho é largamente positivo. As diferentes esferas governamentais foram "obrigadas" a agir, tentando "atender" certas demandas apresentadas durante o atual ciclo de protestos e, desse modo, procurar estancá-las. O governo federal anunciou um plano que prevê o investimento de 51 bilhões de reais em projetos de mobilidade urbana e a contratação imediata de 35 mil médicos para atender as periferias das grandes cidades e o interior do país. Além disso, a Câmara dos Deputados aprovou, na madrugada do dia 26 de junho, o outrora controvertido projeto de lei do Executivo

---

7   Josias de Souza. "Ibope: 75% dos brasileiros apoiam os protestos". *Folha de S.Paulo*, 22 jun. 2013.

que destinava 75% dos recursos dos royalties do petróleo para a educação pública, com prioridade para a educação básica, e 25% para a saúde.

A pressão popular nas manifestações é de tal intensidade e amplitude que acabou por gerar as primeiras vitórias conquistadas pela mobilização das massas nas Jornadas de Junho de 2013. Além dos militantes do MPL, encontram-se entre os manifestantes inúmeros agrupamentos de oposição de esquerda ao governo federal, notoriamente partidos políticos, como o Partido Socialismo e Liberdade (PSOL), o Partido Socialista dos Trabalhadores Unificado (PSTU) e o Partido Comunista Brasileiro (PCB), além de outros grupos partidários menores e militantes anarquistas. Se, em várias passeatas ocorridas, em especial no Rio de Janeiro e em São Paulo, o sentimento contrário aos partidos políticos acabou se transformando em atitudes hostis a esses agrupamentos (quando inclusive vários setores de direita engrossaram as passeatas iniciadas pelos movimentos populares, estudantis e de partidos de esquerda e exploraram o sentimento "apolítico", usando de violência contra os jovens militantes de esquerda), a situação atual começa a apontar em outra direção, com os partidos de esquerda, críticos dos governos, voltando a atuar livremente nas manifestações e convocando protestos com ampla participação popular. E o movimento também chegou à periferia, como temos visto em incontáveis manifestações.

Desse modo, tivemos, em certo sentido, um *movimento em disputa*: de um lado, amplos setores do movimento estudantil, forte presença dos movimento sociais organizados – como MPL, Movimento dos Trabalhadores Sem-Teto (MTST), movimento Periferia Ativa, dentre incontáveis exemplos –, partidos e agrupamentos de esquerda vinculados aos movimentos estudantis – como PSOL, PSTU, PCB –, além de anarquistas, com suas aproximações e diferenças; de outro, vários pequenos agrupamentos de direita, explícita e violentamente antipartidos e antiesquerdas, tentando "ganhar" a condução dos amplos setores da massa que são a grande maioria dos movimentos. Isso confere um contorno de disputa ideológica de uma maioria de jovens. Se logo após

A pulsão plebeia   127

a enorme repressão da PM nas majestosas passeatas de São Paulo e Rio de Janeiro, em tantas outras capitais e cidades, em 17 de junho, núcleos de direita procuraram, com o apoio em massa da mídia, influir na condução do movimento para bandeiras conservadoras e de direita – como a redução de todo o movimento quase que *exclusivamente* contra a corrupção, pela redução da maioridade penal (de 18 para 16 anos) etc. A (re)organização das esquerdas e dos movimentos sociais e populares foi decisiva para o avanço (e não retrocesso) das manifestações.

Durante a Copa das Confederações, que entrará para a história recente do Brasil como a "Copa das Rebeliões", houve manifestações e confrontos em todos os estádios onde houve jogos, todas com significativa presença popular e quase sempre terminando em confrontos com a PM. O Brasil ganhou a copa, mas a população não comemorou nas ruas, como sempre fez anteriormente. Ela percebeu que a competição foi imposta pelos interesses das grandes empresas, tendo a Fifa como mandante e o povo assalariado excluído. Essa mesma população que percebeu que os recursos que faltam para transporte, saúde e educação foram drenados para os estádios em benefício dos grandes conglomerados que ganham com o evento. Bastaria dizer que os custos estimados para a Copa do Mundo de 2014, programada para ser realizada no Brasil, já são três vezes maiores do que aqueles da copa da África do Sul e quase três vezes os da Alemanha e do Japão.[8] O que dá uma ideia do saque, percebido pela população trabalhadora e pela juventude.

Na realidade, o que vemos nas ruas, hoje, é um movimento amplo, de massa, polissêmico e multiforme, bastante diferente de outros ocorridos na recente história do país. E seu perfil tem se transformado desde o início das Jornadas de Junho: começou com estudantes e estudantes/trabalhadores que utilizam o transporte coletivo e, por meio do MPL, que há anos vêm organizando manifestações em várias cidades, como Florianópolis, Porto Alegre, Vitória, Salvador, além de jovens

---

8   "O Mundial dos recordes: Fifa deve faturar R$ 10 bilhões com Copa 2014". *Placar*, 6 jun. 2014.

militantes vinculados aos partidos de esquerda, como PSOL, PSTU, PCB, dentre outros agrupamentos. Pouco a pouco ele foi se ampliando e, após a brutal repressão policial na passeata de 13 de junho em São Paulo, os protestos ampliaram seu escopo, chegando às periferias, onde uma massa plebeia de jovens iniciou um processo de mobilização que bloqueou várias rodovias na cidade de São Paulo.

Da periferia o movimento espalhou-se para praticamente todos os cantos do Brasil e no dia 3 de julho, ampliou-se para uma greve dos caminhoneiros que paralisa várias autoestradas do país, além de produzir – ou sinalizar – a eclosão de várias outras greves, como a do transporte público e dos médicos, indicando que as manifestações difundem-se para amplos setores da classe trabalhadora, descontentes com os rumos do país nestas últimas duas décadas.

Assim, as manifestações fizeram ruir o mito de que o Brasil seria um país de classe média, em crescimento e que caminhava para ser a quinta potência industrial. Um país paradisíaco onde tudo dá certo e onde o povo está satisfeito com seus governantes e com o atual modelo de desenvolvimento. O atual ciclo de mobilizações populares demonstrou a existência de uma profunda inquietação com a reprodução de todo o sistema político representativo nacional e, particularmente, com o sistema legislativo. Por quê? Porque há um enorme descompasso entre as expectativas populares e os procedimentos parlamentares. Apenas para ficarmos em um exemplo, em meio às manifestações, a Comissão de Direitos Humanos da Câmara dos Deputados aprovou o projeto grotescamente conhecido por "cura gay".

Isso ajuda a compreender por que o atual ciclo de mobilização popular encontra tanta acolhida na população. Entretanto, quaisquer que sejam os desdobramentos desses movimentos, o país não será mais o mesmo. Estamos só começando.

Levantem as bandeiras![1]

Desafinando o coro dos contentes, a juventude brasileira foi às ruas. Em todo o país, massivas manifestações esparramaram-se pelas praças e avenidas das capitais. Aquilo que há apenas uma semana parecia impossível tornou-se trivial: a juventude deseja reapropriar-se do espaço urbano que foi ardilosamente espoliado pelo conluio entre incorporadoras, construtoras, empresas de transporte e poder público.

Os jovens querem inventar outra metrópole, e começam a vencer. Um lugar generoso, onde as diferenças sejam acolhidas, os serviços públicos funcionem para as amplas maiorias, e o espaço urbano não seja propriedade de uns poucos. A imagem de 100 mil pessoas caminhando por entre os prédios envidraçados dos bancos e corporações na avenida Faria Lima em direção à região da avenida Engenheiro Luís Carlos Berrini traduz cristalinamente esse desejo.

Essa juventude sabe que os partidos, notoriamente o Partido da Social Democracia Brasileira (PSDB) e o Partido dos Trabalhadores (PT), além de seus satélites, não estão à altura desse anseio. Afinal, há décadas eles são parte de uma mesma trama que a cada eleição negocia milhões de reais de financiamento por inúmeras "maracutaias"

---

1   Publicado no *Blog da Boitempo* em 20 de junho de 2013.

130   Ruy Braga

com construtoras e empresas de ônibus. Daí a formação desse sentimento antipartidário alimentado por um instinto plebeu igualitarista compreensivelmente resistente ao pesado e desigual jogo político parlamentar.

Trata-se de um instinto progressista que merece ser elaborado e tornado coerente pelas forças coletivas que têm animado os atuais protestos. No entanto, em meio à usual confusão que se dá quando milhares decidem agir simultaneamente, não poucos buscaram instrumentalizar esse instinto a fim de intimidar militantes do Partido Socialista dos Trabalhadores Unificado (PSTU), do Partido Socialismo e Liberdade (PSOL) e do Partido Comunista Brasileiro (PCB). Notoriamente, alguns jovens mascarados avançaram sobre as bandeiras dos ativistas de esquerda. Isso é inadmissível.

Em primeiro lugar, porque se trata do direito elementar de manifestar publicamente opções políticas. Aqueles que enfrentam a polícia em defesa do direito à cidade não podem cercear o direito político dos que estão lutando justamente ao seu lado nas ruas. Este é o caminho que historicamente os setores mais reacionários da sociedade brasileira escolheram. O PCB passou a maior parte de sua longa existência na ilegalidade. Após o golpe de 1964, os militares substituíram todos os partidos da república populista por um único, que foi dividido em duas alas, a do "sim" (Movimento Democrático Brasileiro – MDB) e a do "sim senhor" (Aliança Renovadora Nacional – Arena). Em nome de um nacionalismo tosco, amordaçaram a democracia em benefício das multinacionais.

Porém o mais grave é que esse comportamento divide e fragiliza os protestos. Para os neófitos em passeatas, o atual movimento surgiu do vácuo. É um desatino. Alguém de fato acredita que, em mais de uma dúzia de capitais, centenas de milhares de jovens tenham decidido ir às ruas sem que nada existisse antes? Por exemplo, sem que o Movimento Passe Livre (MPL) de São Paulo tivesse levado balas de borracha da Polícia Militar (PM) em várias ocasiões, até que outros jovens chocados com esse tipo de repressão autoritária decidissem apoiá-lo.

Aliás, o que é o MPL, senão um amálgama de bravos ativistas dos movimentos popular e estudantil, muitos deles com anos de experiência em partidos políticos de esquerda? Na realidade, existem partidos e partidos, e muitos dos que hoje defendem o apartidarismo, atacando os agrupamentos identificados com a oposição de esquerda aos governos municipal, estadual e federal, esquecem-se de que votaram majoritariamente tanto no PSDB, quanto no PT.

Neste momento de avanço do movimento de massas, é necessário reconhecer que as lutas pela redução das tarifas do transporte urbano são, de fato, apartidárias. No entanto não podemos tolerar a violência daqueles que, protegidos por máscaras, querem baixar, à força, as bandeiras da esquerda. Os ativistas do PSTU, do PSOL e do PCB estão nas ruas há muito tempo, e seguramente não irão se furtar à responsabilidade de continuar defendendo a democracia socialista.

Crônica de um mês inesquecível[1]

Johannesburgo, 7 de fevereiro de 2013

O público aparentava ficar cada vez mais cético enquanto eu seguia apresentando dados e imagens a respeito das revoltas operárias em Jirau, Belo Monte, Suape... O debate confirmou minhas expectativas: "Se, como você está alegando, a situação econômica e política no Brasil promove a inquietação social, como explicar a popularidade de Lula e de Dilma?" Repliquei afirmando que o quadro era complexo, pois, apesar das péssimas condições laborais, do aumento no número de acidentes de trabalho, da elevação da taxa de terceirização das empresas e da nítida retomada da atividade grevista a partir de, ao menos, 2008, o mercado de trabalho continuava aquecido e, malgrado o inédito patamar do endividamento, as famílias trabalhadoras permaneciam consumindo bens duráveis.[2] Além disso, os trabalhadores brasileiros simplesmente não identificavam alternativas políticas críveis ao Partido dos Trabalhadores (PT) e seus aliados. A

---

1 Publicado na revista *Observatorio Social de América Latina*, Buenos Aires, n. 34, nov. 2013.

2 Gabriela Valente. "Endividamento das famílias bate recorde: 43,99% da renda". *O Globo*, Rio de Janeiro, 27 maio 2013.

hipótese da volta do Partido da Social Democracia Brasileira (PSDB) ao governo federal, por exemplo, estava descartada, tendo em vista a desastrada experiência com o desemprego em massa a partir de meados da década de 1990.

Por se tratar do mês de fevereiro, o tempo em Johannesburgo estava naturalmente quente, porém estranhamente seco. Condição climática que parece ter influenciado as perguntas do público. Não posso dizer que tenha angariado muitas simpatias... Alguns meses antes, Edward Webster decidira organizar um evento chamado "Lessons from the Brazilian Experience: A Labour Perspective", na sede do Congresso dos Sindicatos Sul-Africanos (Cosatu), a fim de debater a recente experiência política brasileira de relação entre os trabalhadores, os sindicatos e o governo federal, e pediu-me para falar sobre a "hegemonia lulista". Entre os participantes do encontro, além de especialistas acadêmicos em Brasil e em África do Sul, como Gay Seidman e Giorgio Romano Schutte, por exemplo, estariam líderes sindicais da central que, no passado, notabilizou-se mundialmente por sua aguerrida luta antiapartheid.

De fato, lá estava Zwelinzima Vavi, o carismático secretário-geral do Cosatu e um dos mais entusiasmados apoiadores daquilo que os documentos da central passaram a chamar de *"Lula Moment"*. Trata-se de uma política cujo objetivo consiste em pressionar o governo sul-africano para que este se aproxime do modelo brasileiro: aumento de gastos sociais, queda de desigualdades entre aqueles que vivem dos rendimentos do trabalho, elevação do consumo popular etc. O entusiasmo sul-africano com nosso regime hegemônico foi reforçado pela participação de Lula da Silva no último congresso do Cosatu, em 2011. Tudo somado, a hegemonia lulista surgiu aos olhos de uma central sindical às voltas com sérios questionamentos a respeito de sua própria relação com o governo do Congresso Nacional Africano (ANC) como um modelo a ser seguido.

Ao me convidar para o seminário na Cosatu House, Edward Webster desejava apenas temperar o debate sindical sul-africano com

A pulsão plebeia   135

visões críticas sobre o cenário político brasileiro. Aliás, diga-se de passagem, poderíamos igualmente aprender muito com o estudo detalhado da experiência pós-apartheid. A despeito das intenções de Edward Webster, é dispensável dizer que meus alertas sobre a iminente fadiga da hegemonia lulista não foram lá muito bem acolhidos pela direção da central.

São Paulo, 13 de junho de 2013

Passaram-se apenas quatro meses desde minha última visita à Jo'burg. O tempo em São Paulo está naturalmente frio, mas estranhamente úmido. A popularidade de Dilma segue firme na casa dos 50 pontos. No entanto, apresentou a primeira variação negativa saliente: 8 pontos. Em poucos dias, a presidente seria vaiada três vezes na abertura da Copa das Confederações. O Movimento Passe Livre (MPL) da cidade de São Paulo organizou sua quarta manifestação contra o aumento das tarifas do transporte municipal. O ato convocado pelo MPL transformou-se em um cenário de guerra no qual apenas um dos lados estava armado. A brutal repressão da Polícia Militar (PM) aos manifestantes respondeu aos apelos do governador Geraldo Alckmin (PSDB) e do prefeito Fernando Haddad (PT), além de inúmeras lideranças políticas da cidade, entre elas, todos os vereadores do PT e do Partido Comunista do Brasil (PCdoB), pelo restabelecimento imediato da "ordem" em São Paulo.

Aqueles que têm acompanhado as mobilizações da juventude trabalhadora em diferentes cidades contra os aumentos abusivos do transporte público bem sabem que se trata de uma revolta nacional. Apenas este ano, tivemos inúmeros atos em Natal, Goiânia, Rio de Janeiro e São Paulo. No ano passado, manifestações ocorreram em Florianópolis e Porto Alegre. E o movimento tende a crescer, espalhando-se por grandes capitais como Belo Horizonte, Brasília e Fortaleza. Evidentemente, a difusão dos protestos não se alimenta exclusivamente de reajustes das tarifas de ônibus. O grave problema do transporte público catalisou

136 Ruy Braga

uma angústia social muito mais profunda e enraizada nos alicerces do atual modelo de desenvolvimento.

Afinal, nos últimos dez anos, milhões de jovens trabalhadores foram absorvidos pelo mercado formal de trabalho. E, de fato, mais de 60% dos empregos criados durante os governos de Lula da Silva e de Dilma Rousseff foram ocupados por jovens entre 18 e 24 anos. No entanto, 94% desses empregos pagam até mil reais (aproximadamente, quatrocentos dólares). Ao mesmo tempo, o governo federal aumentou notavelmente os gastos sociais, mas diminuiu os investimentos em saúde e educação. Investiu incontáveis bilhões de reais nos novos estádios da Copa, mas subinvestiu recursos em mobilidade urbana.[3] Ao priorizar o financiamento do carro particular, o governo federal estimulou os lucros – e a tributação –, em detrimento dos direitos da cidadania.

A crescente revolta da juventude contra esse modelo tem alimentado os atuais protestos. Porque a tarifa do ônibus? Fácil: os reajustes dos preços dos alimentos, aluguéis e serviços, por exemplo, ocorrem de forma fragmentada, diluindo-se ao longo dos meses. Além disso, o "culpado" é anônimo: o processo inflacionário. No caso de uma tarifa regulada politicamente, como a passagem do ônibus, além de o aumento dar-se de uma única vez, atingindo todos ao mesmo tempo, conhecemos bem o responsável: ele tem nome e sobrenome, despacha no Edifício Matarazzo e foi eleito recentemente. Daí a indignação ter-se voltado em um primeiro momento contra o prefeito petista e, por força do acordo em torno da nova tarifa, contra o governador tucano.

Uma revolta nacional

Os eventos na cidade de São Paulo foram o gatilho que disparou uma enorme onda de indignação social. De fato, junho de 2013 entrará para a história das rebeliões sociais no Brasil. Começando em 6 de junho com uma passeata em São Paulo, com aproximadamente 2 mil

---

3   Ver dados citados por Ciro Barros. "O não-legado da Copa do Mundo". *Brasil de Fato*, São Paulo, 8 jan. 2014.

A pulsão plebeia   137

pessoas, contra o aumento das tarifas no transporte público, os jovens do MPL não poderiam imaginar que estariam sacudindo o país, numa explosão que só teve similar na campanha pelas eleições diretas, em 1984, ainda sob a ditadura militar.

Entre os dias 19 e 20 de junho, cerca de 400 cidades, incluindo 22 capitais, saíram em manifestações e passeatas, aglutinando, segundo pesquisa realizada pelo Instituto Brasileiro de Opinião Pública e Estatística (Ibope), cerca de 10% da população internauta brasileira, isto é, cerca de 8 milhões de pessoas.[4] Essa onda de mobilização popular pode ser explicada por diferentes razões. Além de verificarmos a fadiga do atual modelo de desenvolvimento, apoiado no consumo degradante de força de trabalho barata, para gerar empregos e distribuir renda, devemos levar em consideração o aprofundamento da crise econômica internacional, bem como suas implicações sobre o atual regime de acumulação brasileiro em termos de desaceleração do ritmo de crescimento econômico. Finalmente, percebemos a transformação de um estado mais ou menos latente de inquietação social, que acompanhou o bom desempenho do Produto Interno Bruto (PIB) entre 2005 e 2010, em uma generalizada indignação popular, que transbordou para as ruas nos últimos meses.

O primeiro mandato de Lula foi marcado por uma política econômica ortodoxa, e terminou em um ruidoso escândalo de corrupção. Este fato obrigou o governo a ajustar seus rumos, elevando ainda mais os gastos sociais, aumentando o salário mínimo acima da inflação e reforçando o crédito popular. Como bem demonstrou o cientista político André Singer, essa estratégia ajudou a garantir a sedimentação do apoio eleitoral dos setores mais empobrecidos da população brasileira ao modo de regulação lulista.[5]

---

4   Ibope, *Pesquisa de opinião pública sobre as manifestações*, Ibope, jun. 2013. Disponível em: <http://www.ibope.com.br/pt-br/noticias/Documents/JOB_0948_BRASIL%20-%20 Relatorio%20de%20tabelas.pdf>. Acesso em: 11 set. 2014.

5   André Singer. *Os sentidos do lulismo*: reforma gradual e pacto conservador. São Paulo: Companhia das Letras, 2012.

Além disso, a fim de administrar os crescentes encargos impostos pela dívida pública e visando a recuperar o apoio perdido em importantes setores da classe trabalhadora, o governo federal estimulou a formalização do mercado de trabalho. Esse processo fez com que os trabalhadores ascendessem a um patamar superior de proteção social. A aceleração do ritmo de crescimento da economia na última década puxada pela elevação no preço das commodities brasileiras coroou a combinação entre o aumento dos gastos sociais e a ampliação da cobertura da proteção trabalhista.

No entanto, tendências críticas subterrâneas ao atual regime hegemônico vieram lentamente à tona. Afinal, além dos avanços da formalização, do mercado de trabalho aquecido e dos ganhos reais do salário mínimo, o atual modelo de desenvolvimento também se apoiou sobre o aumento do número de acidentes de trabalho, a intensificação do ritmo da rotatividade do trabalho, a elevação da taxa de terceirização da força de trabalho, o aprofundamento da flexibilidade da jornada de trabalho, além do declínio relativo dos investimentos em transporte público, saúde e educação.

A outra face do modelo alimentou um estado mais ou menos permanente de inquietação entre os trabalhadores, em especial entre os setores mais jovens, não qualificados, não sindicalizados, semiqualificados e sub-remunerados. Se levarmos em consideração que 65% do total das vagas formais criadas nos últimos dez anos foram ocupadas por jovens entre 18 e 28 anos,[6] entenderemos porque a inquietação social gerada pela fadiga do atual modelo concentrou-se, em especial, nesse grupo, levando-o a cumprir um papel-chave na deflagração das Jornadas de Junho.

Além disso, indícios de uma forte elevação na atividade grevista no país já eram visíveis desde, ao menos, 2008. Após 2010, segundo dados atualizados do Departamento Intersindical de Estatística e Estudos Socioeconômicos (Dieese), as greves multiplicaram-se. O número de horas paradas em 2012 foi 75% superior ao de 2011, alcançando um

---

6   Ver Marcio Pochmann. *Nova classe média?*, *op. cit.*

pico histórico inferior apenas aos anos de 1989 e 1990.[7] A combinação de desaceleração do crescimento econômico com um mercado de trabalho ainda aquecido nos ajuda a explicar esse importante fenômeno.

Na realidade, o que vemos hoje nas ruas é um movimento politicamente multiforme, bastante diferente de outros ocorridos na recente história do país. Além disso, é possível perceber mudanças no perfil dos manifestantes: começou com estudantes e trabalhadores que utilizam o transporte coletivo, por meio do MPL – que desde 2005 vêm organizando manifestações em várias cidades, como Florianópolis, Porto Alegre, Vitória, Salvador –, além de jovens militantes de partidos de esquerda, como o Partido Socialismo e Liberdade (PSOL), o Partido Socialista dos Trabalhadores Unificado (PSTU) e o Partido Comunista Brasileiro (PCB). Pouco a pouco ele foi se ampliando e, depois da violenta repressão policial à passeata do dia 13 de junho na cidade de São Paulo, os protestos alargaram seu escopo, chegando às periferias, onde uma massa plebeia de jovens iniciou um processo de mobilização que bloqueou várias rodovias na cidade de São Paulo. Tudo somado, o atual ciclo de mobilizações demonstrou a existência de uma profunda inquietação com a reprodução do atual modelo de desenvolvimento e, por isso mesmo, deve durar ainda um bom tempo.

Como interpretar a emergência desse estado de inquietação social?

Desde que a onda de protestos e mobilizações começou, o governo federal lançou-se em uma frenética atividade a fim de responder à indignação manifestada nas ruas. No dia 25 de junho de 2013, por exemplo, o ministro Alexandre Padilha anunciou a abertura de 35 mil vagas para a contratação de médicos no Sistema Único de Saúde (SUS) até 2015. No mesmo pronunciamento, Padilha afirmou que será necessário contratar médicos estrangeiros para suprir a demanda

---

7   Dieese, *Estudos e Pesquisas*. Balanço das Greves em 2012, n. 66, maio 2013.

por profissionais nas periferias das grandes cidades e no interior do país, lançando o Programa Mais Médicos.

Não há dúvida de que, em junho de 2013, as placas tectônicas da política brasileira movimentaram-se bruscamente, arremessando-me a 21 anos atrás, quando milhares de manifestantes tomaram as ruas das grandes metrópoles brasileiras para exigir o impeachment de Fernando Collor de Mello. Lembrei-me do atual ministro da saúde balançando a bandeira do PT à frente de uma multidão de jovens nas ruas.

No final de 1991, Alexandre Padilha, Vitor Negrete e eu havíamos sido eleitos para coordenar o Diretório Central dos Estudantes (DCE) da Universidade Estadual de Campinas (Unicamp). Dispensável dizer que a campanha nacional lançada pela União Nacional dos Estudantes (UNE) em apoio à investigação das denúncias de corrupção de Collor de Mello nos absorveu completamente. Derrubado o presidente, a vida encarregou-se de nos separar.

Quase uma década e meia após o "Fora Collor", Vitor Negrete morreu ao alcançar o cume do monte Everest. Três anos depois, Alexandre Padilha foi nomeado chefe da Secretaria de Relações Institucionais do governo de Lula da Silva e, em 2011, ministro da Saúde. De minha parte, rompi com o PT em meados dos anos 1990, filiando-me a uma pequena organização política localizada à esquerda da esquerda no espectro ideológico.

Em termos profissionais, virei professor de sociologia e decidi pesquisar a formação e o destino histórico do grupo paulistano dos operadores de telemarketing. Esses trabalhadores são realmente notáveis, pois condensam as características mais salientes do atual regime de acumulação pós-fordista: a terceirização empresarial, a privatização neoliberal e a financeirização do trabalho. Em pouco mais de uma década e meia, seu crescimento transformou-o no segundo mais numeroso grupo em termos ocupacionais, acantonando cerca de 1,4 milhão de trabalhadores no país.[8]

---

8   Marta Cavallini. "Telemarketing emprega 1,4 milhão no país; veja como é o trabalho no setor". *G1*, 6 out. 2012. Disponível em: <http://g1.globo.com/concursos-e-emprego/noticia/2012/10/telemarketing-emprega-14-milhao-no-pais-veja-como-e-o-trabalho-no--setor.html>. Acesso em: 11 set. 2014.

A pulsão plebeia 141

Ademais, os operadores de telemarketing sintetizam as mais importantes tendências recentes do mercado de trabalho brasileiro, isto é, o crescimento do emprego no setor de serviços, o aumento do assalariamento feminino, a absorção massiva de jovens não brancos, a formalização e os baixos salários.

Entre 2004 e 2009, entrevistei inúmeras filhas de empregadas domésticas que claramente identificaram no contraponto ao trabalho doméstico a principal razão de ter buscado o telemarketing em vez de seguir os passos das mães – mesmo quando a diferença salarial era favorável ao trabalho doméstico. Na indústria do *call center*, essas jovens perceberam a oportunidade tanto de alcançar direitos trabalhistas, quanto de terminar a faculdade particular noturna que o trabalho doméstico é incapaz de prover.

Em minha pesquisa de campo, observei o manejo degradante dessa força de trabalho: exatamente porque a indústria de *call center* não necessita de trabalhadores qualificados, as empresas beneficiam-se de um regime fabril apoiado em elevadas taxas de rotatividade e no aprofundamento do sofrimento psíquico.

O jovem teleoperador submete-se a tal regime na esperança de conseguir terminar a faculdade particular noturna e encontrar um trabalho melhor. No entanto, como já observamos, a satisfação trazida pela conquista do emprego formal e pelo incremento da escolarização choca-se com um mercado de trabalho em que 94% dos novos postos pagam até 1,5 salário mínimo.[9] Sem mencionar as precárias condições de vida nas periferias das cidades e a violência policial que teima em perseguir as famílias trabalhadoras. No intervalo de uns poucos anos, pudemos constatar que a vitória individual transformou-se em um alarmante estado de frustração social.

Não por acidente, a partir de meados dos anos 2000 registramos o aumento da atividade grevista na indústria paulistana do *call center*. Após 2010, o ritmo da mobilização acelerou a ponto de os teleoperadores

---

9   Marcio Pochmann. *Nova classe média?, op. cit.*

começarem a se destacar nas greves nacionais bancárias. Os aumentos reais do salário mínimo e a oferta de crédito consignado já não eram mais suficientes para conter a insatisfação social. E, de fato, eles tornaram-se parte de uma avassaladora onda reivindicativa em escala nacional.

Após as recentes greves em Jirau, Belo Monte, Santo Antônio, Suape e no Complexo Petroquímico do Rio de Janeiro (Comperj), além da violenta desocupação do Pinheirinho, apenas os muito desavisados não haviam percebido que os sismos aproximavam-se rapidamente das grandes metrópoles. Além disso, os dois governos de Lula da Silva não criaram novos direitos sociais. A despeito da recente equiparação dos direitos trabalhistas das empregadas domésticas, Dilma Rousseff seguiu pelo mesmo caminho. A questão da efetivação e ampliação dos direitos sociais é chave para entendermos as bases sociais da maior revolta popular da história brasileira. Afinal, desde os anos 1950, o proletariado precarizado mobiliza-se pela ampliação dos direitos sociais. Dispensável dizer que o PT e a Central Única dos Trabalhadores (CUT) descendem diretamente dessa habilidade de o proletariado precarizado transitar muito rápido da aparente acomodação política à intensa reivindicação por direitos.

Se os grupos pauperizados que dependem do Programa Bolsa Família (PBF) e os setores organizados da classe trabalhadora que em anos recentes conquistaram aumentos salariais acima da inflação ainda não entraram na cena política, o "precariado" brasileiro – ou seja, aquela massa formada por trabalhadores desqualificados e semiqualificados que entram e saem muito rapidamente do mercado de trabalho, por jovens à procura do primeiro emprego, por trabalhadores recém--saídos da informalidade e por trabalhadores sub-remunerados – foi para as ruas em junho manifestar sua insatisfação com os rumos atuais do modelo de desenvolvimento pós-fordista periférico.

Atordoado pela magnitude desse terremoto social, o governo federal deu-se conta de que os tempos de desmobilização popular ficaram para trás, e convocou Alexandre Padilha para encabeçar um pacto pela melhoria dos serviços do Estado. Sem modificar profundamente

A pulsão plebeia   143

a estrutura dos gastos com os encargos da dívida pública, no entanto, considero pouco realista que o governo tenha condições de satisfazer as atuais reivindicações. Na realidade, se a desaceleração econômica, associada à inexperiência organizativa dos manifestantes, turva antecipações mais precisas sobre o futuro, parece-me claro que as temporalidades da crise econômica internacional e da crise política nacional colocaram-se em concordância. O país entrou no ritmo do sul da Europa, e arrisco afirmar que viveremos ainda um bom tempo sob a sombra desse explosivo estado de inquietação social.

Considerações finais

Em sua sexta tese sobre o conceito de história, Walter Benjamin afirmou que

> o dom de atear ao passado a centelha da esperança pertence somente àquele historiador que está perpassado pela convicção de que também os mortos não estarão seguros diante do inimigo, se ele for vitorioso. E esse inimigo não tem cessado de vencer.[10]

Não foram poucos os que enxergaram nessa passagem a capitulação de Benjamin ao irracionalismo que o levaria ao suicídio. Outros identificaram aí a rendição cabal à filosofia da história de Hegel. Afinal, segundo a ciência positivista, o resultado de uma luta no presente jamais poderia atingir os mortos, isto é, retroagir a ponto de modificar o passado.

Ledo engano. Se bem é possível encontrar a influência de Hegel nas "Teses", trata-se da revitalização de uma concepção da história como fluxo totalizante e aberto, no qual o passado, o presente e o futuro encontram-se intimamente entrelaçados. Assim, o resultado da luta em um dado momento é capaz de alterar a posição relativa dos demais no interior da totalidade histórica. Se a inspiração é

---

10   Ver Michael Löwy. *Walter Benjamin*: aviso de incêndio. São Paulo: Boitempo, 2005, p. 56.

hegeliana, o conteúdo é marcadamente materialista e dialético, exatamente por gravitar em torno da centralidade política das lutas de classes. Ao contrário de Hegel, em Walter Benjamin a "Política passa à frente da História".[11]

Se não, vejamos... Após o colapso da União Soviética, não apenas a vitoriosa Revolução Bolchevique transformou-se em um enorme fracasso supostamente responsável por afastar a Rússia do liberalismo, como os futuros alternativos potencialmente abertos para uma experiência socialista democrática foram subitamente bloqueados. Não sabemos ainda por quanto tempo permanecerão assim. No entanto, uma coisa é certa: sem uma vitória no presente, o socialismo terá morrido sua segunda morte, isto é, a do esquecimento. Daí a necessidade de, nas palavras de Benjamin, "atear ao passado a centelha da esperança", isto é, disputar o significado do que findou como forma de unir as lutas do presente com a emancipação ventura.

Após alcançar um pico de cerca de 8 milhões de manifestantes nas ruas entre 19 e 21 de junho, esparramando-se por mais de 407 cidades, a maior onda de mobilização popular da história brasileira refluiu em agosto para a participação de alguns poucos milhares. O governo federal parece recuperar parte do prestígio pulverizado pelas passeatas. A inflação voltou ao controle, e os mais pobres e miseráveis, dependentes dos gastos sociais do governo federal, continuam depositando sua confiança na regulação lulista. Alguns analistas ligados ao Palácio do Planalto já alardeiam a tese de que as Jornadas de Junho comprovaram o sucesso do atual modelo de (sub)desenvolvimento pilotado pela burocracia lulista.

Na realidade, argumentam, o atual modelo teria distribuído tanta renda, criado tantos empregos formais e tirado tanta gente da miséria que o otimismo quanto ao futuro do país já não caberia nos moldes tradicionais do sistema político, transbordando em direção às ruas. Ou seja, os manifestantes desejariam mais do mesmo!

---

11 Ver Daniel Bensaïd. *Marx, o intempestivo*. Rio de Janeiro: Civilização Brasileira, 1999.

A pulsão plebeia   145

Conforme esse raciocínio, a reeleição de Dilma Rousseff estaria próxima, trazendo de quebra duas ótimas notícias para o lulismo: as eleições do ministro Alexandre Padilha, em São Paulo, e do senador Lindberg Farias, no Rio de Janeiro, dois políticos jovens e historicamente ligados às mobilizações de rua que derrubaram o ex-presidente Fernando Collor de Mello.

Independentemente das eleições de 2014, as Jornadas de Junho não foram um grito por "mais do mesmo". Argumentei acima que a atual onda de mobilizações significou a retomada da luta do proletariado precarizado brasileiro por seus direitos sociais. Desde, ao menos, a década de 1950, os trabalhadores brasileiros, em especial aqueles sub-remunerados e submetidos a condições precárias de vida e trabalho, mobilizam-se em sucessivas ondas de greves e protestos pela efetivação e ampliação de seus direitos. Foi assim entre 1951 e 1957, entre 1961 e 1964, em 1968, entre 1978-1995, e agora.

Eis o segredo de polichinelo: as massas tomaram as ruas a fim de exigir o cumprimento daquilo que, em 1988, foi prometido pela Constituição brasileira: o direito à saúde e à educação públicas, gratuitas e de qualidade; o direito ao lazer, à moradia e à mobilidade; o direito a um salário que garanta condições dignas de vida para todos. O governo federal sabe bem que o atual modelo não chegou nem perto de entregar o que foi encomendado. Mas, para manter-se no poder, procura capturar a indignação social, atribuindo-lhe outro sentido.

O que fica cada dia mais claro é que não haverá futuro para o atual ciclo de mobilizações se não lograr ser construída uma articulação orgânica entre os setores mais jovens, mais precarizados, desorganizados e politicamente inexperientes dos trabalhadores e os setores tradicionais da classe operária. Assim, é necessário escancarar as portas dos sindicatos para que essa massa de jovens precarizados em suas condições de vida e de trabalho possa entrar. Ao mesmo tempo, devemos evitar a redução das lutas à estetização vazia da política: o grande problema do "Black Bloc" não é que sua estratégia de manifestação contra agências bancárias e lojas de marca atrai a repressão policial. A questão é que esse tipo de ação direta fatalmente afasta a massa dos trabalhadores da maioria dos manifestantes. Basta verificar a queda no apoio popular aos protestos medida pelos institutos de pesquisa.[12]

Por outro lado, a entrada na cena política de mais de 3 milhões de trabalhadores na greve de 11 de julho aponta para a direção correta. Bloqueios de rodovias, concorridas assembleias operárias, paralisações de fábricas e greves de ônibus não deixam dúvida de que o aumento da inquietação nas fábricas aproximou-se da indignação das ruas. Esse é o terreno autêntico da política estratégica. Na cidade de São Paulo, o atual escândalo do propinoduto tucano promete reacender o rastilho de pólvora, e o ato de protesto contra a quadrilha da Companhia do Metropolitano de São Paulo (Metrô) e da Companhia Paulista de Trens Metropolitanos (CPTM), promovido conjuntamente pelo Sindicato dos Metroviários e pelo MPL, apontou na direção correta. Apesar de o futuro ainda ser um tanto ou quanto turvo e incerto para o atual ciclo de mobilizações, uma coisa está clara no horizonte brasileiro: as duas décadas de letargia política ficaram para trás.

---

12 Datafolha, "Apoio às manifestações cai de 74% para 66%", *Datafolha*, 28 out. 2013. Disponível em: <http://datafolha.folha.uol.com.br/opiniaopublica/2013/10/1363246--apoio-as-manifestacoes-cai-de-74-para-66.shtml>. Acesso em: 11 set. 2014.

Uma sociologia à altura de Junho

Em meados de março de 2013, pesquisa realizada pelo Instituto Brasileiro de Opinião Pública e Estatística (Ibope) revelou que a popularidade da presidente brasileira Dilma Rousseff havia alcançado um patamar histórico de aprovação: 63% dos entrevistados consideravam seu governo ótimo ou bom, e 79% aprovavam seu desempenho pessoal.[2] Mesmo comparados à aprovação popular de 59% conquistada pelo ex-presidente Lula da Silva no final de seu segundo mandato, os números da presidente eram realmente espetaculares.

No entanto, apenas dois meses após a publicação dessa pesquisa, fato inédito na história do país, a popularidade do governo tinha despencado para 30% dos entrevistados.[3] Ao longo do mês de junho de 2013, em pouco mais de duas semanas de protestos nas ruas, um verdadeiro terremoto social chacoalhou a cena política brasileira, deixando

---

1   Publicado na revista *RIMCIS* – International and Multidisciplinary Journal of Social Sciences em julho de 2014.

2   Para mais detalhes, ver Breno Costa. "Aprovação do governo Dilma chega a 63% e bate novo recorde, diz pesquisa". *Folha de S.Paulo*, 19 mar. 2013.

3   Para mais detalhes, ver José Roberto Toledo. "Nunca houve uma queda de popularidade como a de Dilma". *O Estado de S. Paulo*, 29 jun. 2013.

148   Ruy Braga

um rastro de destruição da popularidade de inúmeros governos municipais, estaduais, assim como do governo federal.

Em primeiro lugar, apresentaremos neste artigo as principais interpretações da recente retomada de mobilizações populares no país, e buscaremos elaborar uma hipótese alternativa. Tal hipótese nutre-se de um estilo sociológico crítico, reflexivo, militante e orientado para públicos extra-acadêmicos, desenvolvido no Centro de Estudos dos Direitos da Cidadania (Cenedic) da Universidade de São Paulo (USP). Finalmente, argumentaremos que os principais protagonistas dos protestos foram os trabalhadores jovens, escolarizados, sub-remunerados e inseridos em condições precárias de vida e trabalho, que, há quase duas décadas, são pesquisados pelo Cenedic.

O enigma de Junho

Contando com 75% de aprovação popular, segundo o Ibope, as "Jornadas de Junho" – como ficou conhecida a onda de protestos inicialmente motivados pelo aumento das tarifas do transporte público – levaram às ruas, em seu ápice, isto é, no dia 17 de junho, mais de 8 milhões de pessoas. Sempre segundo o Ibope, protestos foram registrados em 407 cidades, espalhadas por todas as regiões do país.[4]

Dispensável dizer que os grandes meios de comunicação foram totalmente surpreendidos pela escala monumental desse movimento espontâneo. Em sua maioria, os analistas políticos contemplavam exclusivamente as enquetes de opinião, negligenciando importantes tendências subterrâneas que desde 2008 já afloravam em pequenos sismos.

Imediatamente após o início das grandes passeatas, alguns jornalistas alinhados ao governo federal apressaram-se em sustentar que as

---

4   Para mais detalhes, ver Ibope, "72% dos internautas estão de acordo com as manifestações públicas", *Ibope*, 18 jun. 2013. Disponível em: <http://www.ibope.com.br/pt-br/noticias/Paginas/72-dos-internautas-estao-de-acordo-com-as-manifestacoes-publicas.aspx>. Acesso em: 22 ago. 2014.

Jornadas de Junho não passavam de uma tentativa de golpe de Estado tramada pela mídia conservadora.[5] O reposicionamento da cobertura jornalística em apoio aos protestos e a presença nas ruas das classes médias tradicionais descontentes com o governo petista confirmariam a suspeita.

No entanto, essa hipótese falhou em explicar tanto a natureza massiva e popular dos protestos, quanto a defesa de investimentos para a educação e a saúde públicas. Finalmente, os protestos não visavam especificamente ao governo federal, mas atingiam praticamente todo o *mainstream* político brasileiro.

Ciente da fragilidade dessa elaboração, a cúpula do Partido dos Trabalhadores (PT) ajustou o calibre do petardo, transitando do "golpe da direita" para o "sucesso do atual modelo de desenvolvimento". Segundo a reelaboração petista, as políticas públicas do governo federal teriam redistribuído tanta renda, elevando de tal maneira as expectativas populares em relação à qualidade dos serviços públicos, que a "nova classe média" criada durante os anos 2000 teria ido às ruas exigir ainda mais iniciativas do governo federal.[6]

Sem entrar na questão da existência ou não de uma "nova classe média" no país,[7] a verdade é que esta segunda hipótese não explica o *timing* dos protestos. Afinal, o que teria acontecido especificamente no mês de junho para detonar a maior revolta popular da história brasileira? Por que motivo uma elevação das expectativas populares desaguaria numa onda de mais de 8 milhões de indignados nas ruas?

---

5   Ver Paulo Henrique Amorim. "Globo derruba a grade. É o Golpe!". *Conversa Afiada*, 20 jun. 2013. Disponível em: <http://www.conversaafiada.com.br/brasil/2013/06/20/globo-derruba-a-grade-e-o-golpe/>. Acesso em: 18 ago. 2013.

6   Para mais detalhes, ver Daniela Pinheiro. "O comissário: Rui Falcão e a missão de comandar o PT depois das revoltas de junho e do desgaste de Dilma". *Piauí*, São Paulo, n. 83, ago. 2013.

7   Para uma abrangente e bem fundamentada crítica à tese da emergência de uma "nova classe média" no Brasil, ver Marcio Pochmann. *O mito da grande classe média*: capitalismo e estrutura social. São Paulo: Boitempo, 2014.

150   Ruy Braga

A terceira hipótese buscou localizar as Jornadas de Junho no mesmo diapasão do ciclo de protestos que enlaçou Espanha (2011), Portugal (2012) e Turquia (2013). Em suma, um enrijecido sistema político hierarquizado, fundamentalmente refratário à participação popular, estaria se chocando com uma vibrante cultura política democrática fermentada desde baixo pelas redes sociais eletrônicas.[8]

Largamente convincente em sua generalidade, a excessiva dependência heurística desta última hipótese em relação às metamorfoses da cultura política deixou na penumbra tanto o evento detonador quanto a abrangência nacional das Jornadas de Junho. Afinal, um protesto repentino em larga escala poderia ser compreendido numa chave tão fluida quanto a do amadurecimento de uma cultura política alternativa?

A nossos olhos, todas essas hipóteses contêm um grão de verdade: sem dúvida, muitos foram às ruas convocados pela mídia conservadora, as expectativas com os serviços públicos aumentaram no rastro da desconcentração de renda entre os que vivem dos rendimentos do trabalho, e uma nova cultura política democrática desenvolveu-se no Brasil na última década.

No entanto, o principal problema dessas explicações consiste em sua excessiva ênfase na dimensão política dos protestos. Sem se embrenhar na dialética social existente entre a forma assumida pela luta política em junho passado e a transformação da estrutura de classes do país ocorrida na última década, tais teses acabam pecando por certa unilateralidade na abordagem dos protestos, obnubilando a compreensão de seus desdobramentos atuais.

Para superar tais limites, faz-se necessário convocar uma sociologia balizada pela centralidade axiológica do conhecimento das classes subalternas, ou seja, uma sociologia crítica, reflexiva e militante, capaz de apreender a *mediação* entre a conflitualidade própria às diferentes forças sociais em presença e a reprodução do atual modelo de desenvolvimento

---

8   Para mais detalhes, ver Marcos Nobre. *Imobilismo em movimento*: da abertura democrática ao governo Dilma. São Paulo: Companhia das Letras, 2013).

brasileiro.[9] Argumentaremos que esse estilo sociológico – capaz de explicar como a perda de eficácia do modo de regulação lulista, associada aos obstáculos enfrentados pelo regime de acumulação brasileiro em tempos de crise econômica internacional, estimulou o atual ciclo de mobilização democrática – é representado no país pelo Cenedic da USP.

A sociologia de combate do Cenedic

Desde 2008, o Cenedic publicou livros e artigos argumentando – por meio de etnografias de trabalhadores vivendo em bairros populares e periféricos, análises das modificações recentes da estrutura sócio-ocupacional brasileira, e estudos de caso de trabalhadores precarizados – que, em vez de consolidar a hegemonia política do PT, a reprodução do atual modelo de desenvolvimento alimentava um estado mais ou menos permanente de *inquietação social* capaz de transformar-se em *indignação popular*.[10]

Herdeiro de uma tradição investigativa orientada pelo diálogo crítico com os movimentos sociais urbanos, em especial o movimento sindical, o Cenedic foi criado em 1995, pelo sociólogo Francisco de Oliveira, para estudar os efeitos econômicos, políticos e ideológicos do "desmanche neoliberal" promovido pelo governo de Fernando Henrique Cardoso sobre as classes sociais subalternas brasileiras.[11]

---

9 Ver, entre outros, Francisco de Oliveira. "'Assustaram os donos do poder, e isso foi ótimo' diz o sociólogo Chico de Oliveira". *Folha de S.Paulo*, 9 nov. 2013, entrevista; André Singer. "Quatro notas sobre as classes sociais nos dez anos do lulismo", *op. cit.*; Ruy Braga. "As jornadas de junho no Brasil: Crônica de um mês inesquecível". *Observatorio Social de América Latina*, Buenos Aires, n. 34, nov. 2013; e Ricardo Antunes e Ruy Braga. "Los días que conmovieron a Brasil. Las rebeliones de junio-julio de 2013", *op. cit.*

10 Para mais detalhes, ver Robert Cabanes *et al* (orgs.). *Saídas de emergência*: ganhar/perder a vida na periferia de São Paulo. São Paulo: Boitempo, 2011.

11 Para mais detalhes, ver Francisco de Oliveira e Cibele S. Rizek. *A era da indeterminação*. São Paulo: Boitempo, 2007, e Vera da Silva Telles, "Operação desmanche: o espaço público em risco", *Cadernos de Formação da CUT*, São Paulo, v. 2, 2001.

152   Ruy Braga

Acolhendo pesquisadores de diferentes áreas do conhecimento, como sociólogos, cientistas políticos, urbanistas, críticos de cinema, antropólogos e filósofos, o Cenedic estruturou sua agenda investigativa em torno das tensões e conflitos por meio dos quais os direitos sociais (chamados "direitos da cidadania") eram permanentemente disputados pelos subalternos. A fim de desenvolver essa agenda, o centro de estudos viu-se obrigado a engajar-se com (e, por vezes, contra) os movimentos sociais em, ao menos, três grandes frentes de batalha:

I. A frente da *crítica ao positivismo sociológico* incapaz de apreender o processo permanente de construção-desconstrução da práxis política dos subalternos em sua transição da *política fragmentada das identidades culturais* à *política universalista dos direitos da cidadania.*[12]

II. A frente da *crítica ao corporativismo dos movimentos sociais*, em especial do movimento sindical, assim como das ambivalências programáticas do principal articulador da práxis política dos subalternos no Brasil até, ao menos, 2013, isto é, o PT.[13]

III. A frente da *crítica à relação entre o Estado e a sociedade civil* tal como ela se manifesta na reprodução material dos grupos subalternos, nas lutas desses grupos por reconhecimento simbólico e social, e na violência militar sistemática elevada à condição de principal mecanismo de regulação da territorialidade urbana.[14]

---

12   Para mais detalhes, ver Maria Célia P. M. Paoli, "Movimentos sociais no Brasil: em busca de um estatuto político", em Maria Célia P. M. Paoli e Michaela Hellmann, *Movimentos sociais e democracia no Brasil*: "sem a gente não tem jeito", (Rio de Janeiro, Marco Zero, 1995).

13   Para mais detalhes, ver Francisco de Oliveira, *Crítica à razão dualista/ O ornitorrinco* (São Paulo, Boitempo, 2003).

14   Para mais detalhes, ver Vera da Silva Telles e Robert Cabanes. *Nas tramas da cidade*: trajetórias urbanas e seus territórios. São Paulo: Humanitas, 2006; e Cibele S. Rizek. "Gerir a pobreza? Novas faces da cultura nos territórios da precariedade". In: Ana Clara R. Torres, Lilian Fessler Vaz e Maria Lais Pereira da Silva (orgs.). *Leituras da Cidade*. Rio de Janeiro: Letra Capital, 2012.

A articulação totalizante dessas dimensões da crítica social vertebrou tanto os diferentes projetos coletivos de pesquisa do centro de estudos levados adiante nestes quase vinte anos de existência – tais como "Os sentidos da democracia" (1996), "A era da indeterminação" (2001), "Hegemonia às avessas" (2005) e "Desigual e combinado" (2012) –, quanto influenciou a relação politicamente explosiva de Francisco de Oliveira, um dos fundadores do PT e um de seus mais renomados intelectuais, com o partido que ele ajudou a criar.[15]

Além disso, esse projeto crítico balizou igualmente os vínculos dos pesquisadores com os movimentos sociais, em especial o Movimento dos Trabalhadores Rurais Sem Terra (MST), o Movimento dos Trabalhadores Sem-Teto (MTST), o Movimento Urbano Sem-Teto (MUST), o Movimento dos Trabalhadores da Cultura (MTC) e a Central Sindical e Popular – Coordenação Nacional de Lutas (CSP-Conlutas). O diálogo crítico do Cenedic com os movimentos sociais é um traço constitutivo não apenas da identidade do centro de estudos, como do tipo de investigação realizada por seus pesquisadores.

Talvez por essa razão, as Jornadas de Junho tenham surgido para o Cenedic como o resultado bastante previsível de uma situação histórica marcada pela inquietação social dos grupos subalternos com os limites do atual modelo de desenvolvimento. Em 2006, inspirado pelo desafio proposto por Francisco de Oliveira, isto é, *investigar as microfundações da macro-hegemonia do PT*, o Cenedic já se lançara a campo, sobretudo, no bairro paulistano de Cidade Tiradentes.[16] Localizado no extremo leste da capital paulista e contando com cerca

---

15   Para mais detalhes, ver Francisco de Oliveira e Maria Célia P. M. Paoli (orgs.). *Os sentidos da democracia*: políticas do dissenso e hegemonia global. Petrópolis: Vozes, 1999; Francisco de Oliveira e Cibele S. Rizek. *A era da indeterminação, op. cit.*; e Francisco de Oliveira, Ruy Braga e Cibele S. Rizek. *Hegemonia às avessas*: economia, política e cultura na era da servidão financeira. São Paulo: Boitempo, 2010.

16   Para mais detalhes, ver Robert Cabanes *et al* (orgs.). *Saídas de emergência*: ganhar/perder a vida na periferia de São Paulo, *op. cit.*

154 Ruy Braga

de 300 mil moradores, a região abriga, além de uma grande favela, um dos maiores conjuntos habitacionais da América Latina.

Em suma, trata-se de um bairro que permite observar o modo de vida dos que conhecem como poucos os reveses do "outro lado" da hegemonia petista. Nas palavras de Francisco de Oliveira, as etnografias realizadas pelos pesquisadores do Cenedic na zona Leste de São Paulo revelam, para além da aprovação eleitoral, "o cotidiano de pessoas (kafkianamente) transformadas em insetos na ordem capitalista da metrópole paulistana".[17]

Decifrando o enigma

As vicissitudes cotidianas das famílias trabalhadoras de Cidade Tiradentes, bairro onde 65% dos moradores vivem com uma renda média individual de até 80 dólares por mês,[18] revelaram-se abundantemente nas etnografias do trabalho informal, do tráfico de drogas, da subcontratação, da precarização do trabalho doméstico, do comércio ilícito, da violência policial, das ocupações irregulares, da população de rua e das trajetórias das mulheres chefes de família do bairro. Assim, uma miríade de dramas privados foi transformada em fértil matéria-prima para o debate público.

Por meio da descrição etnográfica do cotidiano das famílias do bairro, a pesquisa flagrou a dialética cotidiana entre espaço privado e espaço público movendo-se no sentido da retomada da ação coletiva, mediada não mais pelos sindicatos ou pelos partidos políticos tradicionais, mas pelas igrejas neopentecostais.

Paralelamente, realizamos, entre 2005 e 2009, um estudo de caso na indústria paulista do *call center*, a fim de acompanhar a trajetória ocupacional das filhas de faxineiras da informalidade do emprego

---

17 Francisco de Oliveira. "Prefácio: Contos kafkianos". In: Robert Cabanes *et al* (orgs.). *Saídas de emergência*: ganhar/perder a vida na periferia de São Paulo. São Paulo: Boitempo, 2011, p. 7.

18 Ver dados citados em Robert Cabanes *et al* (orgs.). *Saídas de emergência, op. cit.*

A pulsão plebeia   155

doméstico à formalidade do mercado de trabalho do telemarketing.[19] Dessa forma, observamos não apenas a dinâmica do acesso aos direitos sociais que marcou os anos 2000, mas também a tentativa de essas trabalhadoras alcançarem patamares mais elevados de qualificação profissional.

A despeito da percepção do progresso ocupacional, a realidade dos baixos salários, isto é, até 450 dólares, as duras condições de trabalho, as altas taxas de rotatividade praticadas no setor e a consequente rotina do adoecimento decorrente da intensificação do ritmo de trabalho fizeram com que os teleoperadores se aproximassem dos sindicatos. Os sindicalistas reagiram conduzindo-os na direção das políticas públicas do governo federal, em especial do acesso ao crédito consignado e do Programa Universidade para Todos (Prouni).

A partir de 2008, essas medidas deixaram de ser suficientes para pacificar a indústria do *call center*, e uma onda grevista motivada pela insatisfação com os baixos salários e as péssimas condições de trabalho cresceu ano após ano no telemarketing. Em campo, observamos o ativismo grevista desse grupo, particularmente saliente no setor bancário.[20]

Trata-se de parte de uma tendência nacional: os dados colhidos pelo Sistema de Acompanhamento de Greves do Departamento Intersindical de Estatística e Estudos Socioeconômicos (SAG-Dieese) mostraram que, em 2012, o país viveu um recorde histórico de greves, inferior apenas aos anos de 1989 e 1990.[21]

Não devemos esquecer que, entre 2003 e 2010, o país criou anualmente 2,1 milhões de empregos formais. No entanto, 94% desses empregos pagam baixíssimos salários (até 430 dólares). Sem mencionar o fato de que entre 2009 e 2012, o tempo médio de permanência do emprego caiu de 18 para 16 meses, denotando aumento da deterioração

---

19   Para mais detalhes, ver Ricardo Antunes e Ruy Braga (orgs.). *Infoproletários*: degradação real do trabalho virtual. São Paulo: Boitempo, 2009.

20   Para mais detalhes, ver Ruy Braga. A *política do precariado*: do populismo à hegemonia lulista. São Paulo: Boitempo, 2012.

21   Dieese, *Estudos e Pesquisas*. Balanço das Greves em 2012, n. 66, maio 2013.

das condições de trabalho.[22] Em acréscimo, o estoque de empregos formais diminui ininterruptamente desde 2010, fato que tende a estressar os jovens que procuram o primeiro emprego formal.

Em suma, desde 2008, o país vive um momento que combina desaceleração econômica, mobilizações grevistas e desgaste de um modelo de desenvolvimento cujos limites redistributivos têm se tornado cada dia mais nítidos.

Conforme dados reunidos por André Singer, atual diretor do Cenedic, não foi surpresa descobrir que a maioria dos manifestantes de Junho era formada por uma massa de jovens trabalhadores escolarizados, porém sub-remunerados.[23]

Tabela 1 – Manifestantes de Junho de 2013, distribuídos conforme faixas de renda no Rio de Janeiro, Belo Horizonte e mais oito capitais

Faixas	Rio de Janeiro 20/06	Oito capitais 20/06	Belo Horizonte 22/06
Mais baixa	34% (Até 1 salário mínimo – SM)	15% (Até 2 SM)	20% (Até 2 SM)
Intermediária 1	54% (De 2 a 5 SM)	30% (De 2 a 5 SM)	36% (De 2 a 5 SM)
Intermediária 2	1% (De 6 a 10 SM)	26% (De 5 a 10 SM)	24% (De 5 a 10 SM)
Alta	10% (Mais de 11 SM)	23% (Mais de 10 SM)	21% (Mais de 10 SM)

Fonte: André Singer. "Quatro notas sobre as classes sociais nos dez anos do lulismo", *op. cit.*, p. 30.

Ou seja, trata-se do grupo subalterno com o qual o centro de estudos engajou-se científica e estrategicamente desde sua fundação:

---

22 Para mais detalhes, ver Marcio Pochmann. *Nova classe média?*, *op. cit.*

23 André Singer. "Quatro notas sobre as classes sociais nos dez anos do lulismo", *op. cit.*

Foram, portanto, no seu conjunto, protesto de jovens e jovens adultos de alta escolaridade. Mas, como tem assinalado o sociólogo Gustavo Venturi, em função "do processo relativamente acentuado de escolarização, ao longo da última década e meia", é razoável pensar que o novo proletariado tenha nível escolar elevado. Em função disso, deve-se cogitar a possibilidade de ter estado presente nas manifestações uma parcela de jovens de escolaridade mais alta que a renda, que é, aliás, a caracterização do operador de telemarketing, que tende a ter pelo menos escolaridade média completa, e, às vezes, universitária, com salário médio abaixo de 1,5 SM.[24]

Considerações finais

Diferentemente das demais teses a respeito do atual ciclo de revoltas populares, há tempos o Cenedic analisa o "evento detonador" das Jornadas de Junho, isto é, a violência policial militarizada elevada à condição de mecanismo regulador da conflitualidade urbana.

Quer a pretexto da infame guerra às drogas, quer como força de desocupação a serviço das grandes incorporadoras de áreas da cidade ocupadas pelos sem-teto, é notório que a Polícia Militar (PM) brutaliza e mata impunemente, sobretudo, jovens trabalhadores negros e pobres, nas periferias dos grandes centros urbanos do país.

De todas as instituições criadas pela ditadura civil-militar (1964-1986), a única a permanecer intocada pelo regime democrático, a PM, reprimiu com extrema crueldade a manifestação do Movimento Passe Livre (MPL) do dia 13 de junho contra o aumento das tarifas do transporte público na cidade de São Paulo. Inadvertidamente, a violência policial ajudou a transformar um estado latente de *inquietação social* em uma transbordante onda de *indignação popular*.

---

24 *Ibidem*, p. 31.

Para o Cenedic, não foi difícil concluir que, ao reprimir violentamente o MPL, a polícia comportou-se na avenida Paulista como faz diuturnamente nos bairros pobres e periféricos de São Paulo. Desnudada pelos jornais, a brutalidade militar exercida sobre uma reivindicação considerada justa pela população despertou na juventude trabalhadora a consciência de "fazer explodir o contínuo da história", como diria Walter Benjamin.[25]

De protestos contra o aumento das tarifas do transporte urbano, as manifestações passaram a mirar outros alvos, como os gastos com a Copa do Mundo, a qualidade da educação pública e, sobretudo, a precária situação do sistema público de saúde. Inadvertidamente, os manifestantes insurgiram-se contra a própria estrutura de gastos do governo federal que, por um lado, reserva 42% do orçamento do Estado para o pagamento de juros e amortizações da dívida pública e, por outro, apenas 4% para a saúde, 3% para a educação e 1% para o transporte.[26]

Extrapolando os limites do atual modo de regulação conhecido como "lulismo",[27] as Jornadas de Junho insurgiram-se contra os fundamentos do regime de acumulação predominantemente financeiro que domina a estrutura social do país. Ao fazê-lo, conquistaram um lugar privilegiado na história das resistências populares do Brasil, passando a exigir uma interpretação à altura de seu legado.

"Escovando a história a contrapelo", como diria Walter Benjamin,[28] a sociologia crítica, reflexiva e militante praticada pelo Cenedic assumiu essa tarefa, destacando-se das demais teses que enfrentaram o enigma de Junho, ao apresentar uma explicação globalizante e apoiada no diálogo crítico com os dados. Uma sociologia

---

25 Ver Michael Löwy. *Walter Benjamin*, *op. cit.*

26 Auditoria Cidadã da Dívida. "É por direitos! Auditoria da dívida já!". *Auditoria Cidadã da Dívida*, Brasília. Disponível em: <http://www.auditoriacidada.org.br/e-por-direitos-auditoria-da-divida-ja-confira-o-grafico-do-orcamento-de-2012/>. Acesso em: 26 ago. 2014.

27 Para mais detalhes, ver André Singer. *Os sentidos do lulismo*: reforma gradual e pacto conservador. São Paulo: Companhia das Letras, 2012.

28 Ver Michael Löwy. *Walter Benjamin*, *op. cit.*

combatente e aberta aos públicos extra-acadêmicos, resistente às seduções das políticas públicas, refratária aos excessos da especialização disciplinar e, por isso mesmo, localizada na convergência entre o saber científico e o saber estratégico. Apenas uma sociologia consciente de que sua própria trajetória é parte indissociável do destino histórico das classes subalternas brasileiras é capaz de ser cientificamente objetiva e politicamente engajada.

Lutar não é jogar[1]

De 1998 a 2001, o cineasta Pierre Charles acompanhou o sociólogo Pierre Bourdieu em suas intervenções públicas contra a globalização neoliberal. O resultado é o documentário *Pierre Bourdieu: la sociologie est un sport de combat*.[2] Dizem que Bourdieu não gostou do filme. De fato, trata-se de um documentário sem muito brilho, conduzido burocraticamente. No entanto, ao palestrar sobre desigualdades educacionais para moradores de Val Fourré, um grande conjunto habitacional localizado na periferia de Paris, a cadência narrativa muda e, nos trinta minutos finais, assistimos a Bourdieu ser desafiado pela plebe que faz questão de mundanizá-lo.

"Ele é apenas Bourdieu. Não 'Dieu' [Deus]", diz Saïd, assistente social do bairro. Mounir, um ativo líder do conjunto habitacional, chama-o jocosamente de "José Bourdieu". E o que deveria ser apenas mais uma palestra transforma-se em um vívido debate entre os próprios moradores a respeito do desaparecimento das ocupações qualificadas, do desinteresse dos professores em permanecer no bairro, do assédio

---

1 Publicado no *Blog da Boitempo* em 18 de agosto de 2014.

2 *Pierre Bourdieu*: la sociologie est un sport de combat. Direção: Pierre Carles, França, CP Productions e VF Films, 2001.

sistemático da polícia, da insegurança em relação ao futuro ocupacional, da segregação espacial etc.

Lá pelas tantas, os moradores de Val Fourré assumem o ofício do sociólogo, isto é, o de desvelar os mecanismos responsáveis pela reprodução da dominação simbólica. Bourdieu reage afirmando que se sua presença serviu para estimular aquelas opiniões, a viagem valeu a pena. Logo depois, invoca o trabalho de seu antigo assistente argelino, Abdelmalek Sayad, para dizer que aquele público formado por filhos e netos de imigrantes teria muito a aprender com a leitura de *La double absence*.[3]

E o sociólogo encerra a noite com uma última lição: "Precisamos de um movimento social que queime carros. Mas com um propósito".[4] Como o documentário deixa claro, para Bourdieu o conhecimento científico iluminaria esse propósito, ao prover o "ferramental teórico capaz de auxiliar os movimentos sociais na transformação da dominação". Como um "esporte de combate", a sociologia deveria limitar-se à autodefesa do social contra os ataques do neoliberalismo.

Entretanto cabe a pergunta: existe algum esporte de combate que se limite à autodefesa? Aliás, a metáfora esportiva é adequada? Ela não nos remete a um campo regulado por regras impessoais que valem para todos de maneira indistinta? Mas aquilo que os moradores da *banlieue* (periferia das grandes cidades francesas, que integra grandes conjuntos habitacionais) estão dizendo não é justamente o contrário, ou seja, que a universalidade do Estado os oprime?

Ao admitir que o movimento social queime carros com um propósito, Bourdieu resvalou na tensão entre a miséria do mundo dos subalternos e o papel que, em sua opinião, o conhecimento científico deve

---

3 Abdelmalek Sayad. *La double absence*: des illusions de l'émigré aux souffrances de l'immigré. Paris: Seuil, 1999.

4 Não esqueçamos que o grande levante das *banlieues* francesas que eclodiu em 2005 já se insinuava no final dos 1990. Para mais detalhes, ver Clémentine Autain *et al*. *Banlieue, lendemanis de révolte*. Paris: La Dispute, 2006.

cumprir nas lutas sociais.[5] Este papel supõe a *skholè* como condição necessária para a produção da verdade. Sumariamente, o sociólogo francês entendia que a busca desinteressada pelo conhecimento seria atributo exclusivo de um campo autônomo e protegido que, modernamente, encontramos apenas no ambiente universitário.[6] Assim, a classe trabalhadora jamais alcançaria a intuição científica, pois seu senso comum, isto é, seu "senso prático", seria inescapavelmente conservador.

Mas, se a sociologia vai se engajar com as classes oprimidas e combatentes, seria a autodefesa do que ele, no final dos anos 1980, chamou de "corporativismo do universal" a melhor maneira?[7] Afinal, construir alternativas sociais enraizadas nas experiências dos subalternos supõe reconhecer que lutar não é jogar.[8] Por isso, a grande novidade trazida pelo desenlace do documentário foi assistir a Bourdieu reconhecendo a "verdade" contida nas opiniões daqueles plebeus. Ademais, ele sugeriu que sua experiência de classe fosse elaborada pela leitura de Abdelmalek Sayad...[9]

---

5   Em outra ocasião, tentei explorar essa contradição por meio da análise da relação de Bourdieu com o marxismo. Para mais detalhes, ver Ruy Braga. "O pêndulo de Marx: sociologias públicas e engajamento social". *Utopía y Praxis Latinoamericana*, Maracaibo, v. 16, n. 52, 2011. Ver, também, Michael Burawoy. *O marxismo encontra Bourdieu*. Campinas: Editora da Unicamp, 2010.

6   Para mais detalhes, ver Pierre Bourdieu. *Meditações pascalianas*. Rio de Janeiro: Bertrand Brasil, 2001.

7   Para mais detalhes, ver Pierre Bourdieu. *As regras da arte*. São Paulo: Companhia das Letras, 1992, especialmente o "Post-scriptum".

8   Para uma análise das diferentes estratégias contra-hegemônicas construídas pelos trabalhadores à globalização capitalista, ver Peter Evans. "Is an alternative globalization possible?". *Politics & Society*, v. 36, n. 2, 2008, p. 271-305.

9   Não deixa de ser curioso que alguém tão crítico ao intelectual orgânico tenha se rendido àquilo que Gramsci dizia ser sua principal tarefa, ou seja, elaborar e tornar coerentes os problemas colocados pelas massas – Gramsci escreveu especificamente sobre a experiência social dos subalternos no "Caderno 25: Às margens da história. História dos grupos sociais subalternos", *op. cit.*; sobre a questão dos intelectuais, o autor dedica-se ao tema, sobretudo, no "Caderno 12: Apontamentos e notas dispersas para um grupo de ensaios sobre a história dos intelectuais", *op. cit.* No fim do filme, Bourdieu quase passou da sociologia como esporte de combate para a sociologia como combate...

Lembrei-me do documentário sobre Bourdieu ao saber da libertação de Fábio Hideki Harano. O chocante relato de seu périplo pelo Departamento Estadual de Investigações Criminais (Deic), pelo Centro de Detenção Provisória (CDP) de Pinheiros e, finalmente, pelo presídio de Tremembé evidencia uma inversão embaraçosa, porém reveladora: a polícia age como bandido, e a bandidagem inspira solidariedade.[10]

Essa prisão não apenas relembra aos desavisados que vivemos sob um autêntico *Estado de exceção*, como demonstra uma vez mais ao lado de quem está o Judiciário. Em vez do *corporativismo do universal*, temos um *lamento universal* unindo filhos de imigrantes magrebinos que moram em uma *banlieue* parisiense e jovens brasileiros que protestam legitimamente contra os gastos públicos com a Copa do Mundo. Não há regras impessoais, apenas a lei do mais forte.

Além de ex-estudante de sociologia, Fábio é membro do comando de greve da Universidade de São Paulo (USP). Um movimento que ultrapassou os oitenta dias, devido ao fato de o reitor Marco Antonio Zago agir como um acólito do governador do estado de São Paulo contra a universidade pública. Apenas isso pode explicar a intransigência da atual gestão totalmente rendida a uma agenda neoliberal que, entre outras medidas deletérias, defende o arrocho salarial, a flexibilização da dedicação exclusiva docente como regime preferencial da USP, a implementação de um programa de demissão voluntária para os funcionários e a transferência do Hospital Universitário para o governo estadual.

O detalhe é que nenhuma dessas medidas foi sequer mencionada pelo atual reitor durante a campanha eleitoral do ano passado. Se a estrutura de poder que atormenta a universidade fosse minimamente democrática, apenas isso seria motivo suficiente para inaugurar o processo de impedimento de Zago. Todavia, como a USP vive à margem

---

10 Ver Mônica Bergamo. "'Eu tava marcado', diz estudante Fábio Hideki ao relatar prisão após protesto". *Folha de S.Paulo*, 13 ago. 2014.

da Lei de Diretrizes e Bases da Educação Nacional (LDB), apenas uma ampla mobilização de forças democráticas será capaz de revidar o ataque privatista. Nesse contexto, falar em *skholè* parece pouco realista. Lendo pelo avesso aquela conhecida elaboração a respeito das "vantagens do atraso" segundo a qual países periféricos podem se apropriar de forma mais radical dos avanços tecnológicos dos países centrais,[11] diríamos que, em termos reflexivos, a localização semiperiférica do Brasil permite à sociologia reconhecer e interpelar as contradições capitalistas de uma forma mais radical que na França. Fábio Hideki entendeu perfeitamente a última lição de Bourdieu. Quando o neoliberalismo ataca, não há espaço para *fair play*. Apenas para o combate.

---

11 Para mais detalhes, ver Leon Trotsky. *História da Revolução Russa*. São Paulo: Sundermann, 2007.

Parte IV
Estilhaços

O feitiço do camarote[1]

Em sua teoria da acumulação do capital, Marx recorreu a um "conflito fáustico" para ilustrar a posição do capitalista no interior da estrutura social. Apesar da posse do dinheiro assegurar-lhe vasto poder e prestígio, ele não poderia dispor livremente de seu capital como renda:

> Enquanto o capitalista clássico estigmatizava o consumo individual como pecado contra sua função e como uma "abstinência" da acumulação, o capitalista moderno está em condições de conceber a acumulação como "renúncia" ao seu impulso de fruição. "Vivem-lhe duas almas, ah! No seio,/Querem trilhar em tudo opostas sendas" (Goethe).[2]

As leis coercitivas da concorrência simplesmente o obrigavam a transformar parte do valor não pago à classe trabalhadora em meios de produção e salários. Entre o desejo de consumir e a necessidade de

---

1 Publicado no *Blog da Boitempo* em 11 de novembro de 2013.

2 Karl Marx. *O capital*. Crítica da economia política. Livro I: O processo de produção do capital. São Paulo: Boitempo, 2013, p. 668-9.

170 Ruy Braga

reinvestir, o velho mestre do socialismo científico argumentou que a sociedade moderna transformava todos, sem exceção, em servos de um poder alheio e irracional, isto é, a pulsão da acumulação.

Mesmo descontando a simplificação do argumento – ou seja, todos os proprietários são considerados capitalistas industriais, o mais-valor é sempre realizado em sua globalidade, e o crédito e o comércio exterior não existem –, Marx argumentou que a capitalização seria impossível sem que a burguesia sacrificasse parte de sua liberdade em benefício do reinvestimento. Em termos sociológicos, foi Max Weber quem mais longe chegou nessa vereda, ao afirmar que a ascese protestante teria representado um fatorchave na formação do fundo originário de investimento.[3] Em suma, conforme o argumento clássico, a sociedade moderna, ao menos em suas origens remotas, dependeu de certa moderação dos gastos improdutivos.

É bem sabido que Weber e Marx deixaram de identificar resíduos desse comportamento racional entre os burgueses de sua própria época. Este associou, por exemplo, o circuito D-D', isto é, a valorização do dinheiro pelo movimento do próprio dinheiro, ao coroamento do fetichismo do capital. Uma sociedade balizada por tal irracionalidade fatalmente degradaria seu padrão civilizacional em benefício da universalização da barbárie. A história do século XX, em seu interminável calvário de crises, guerras e holocaustos, deu-lhe total razão.

Como a crise econômica mundial não nos deixa esquecer, o ciclo da globalização financeira livrou o capitalista até mesmo da memória daquele dilema "fáustico". Afinal, a acumulação é hoje predominantemente orientada para a compra e a venda de… dinheiro! Porque se preocupar com a longa desaceleração econômica que insiste em deprimir a economia mundial, se é possível seguir lucrando por meio do financiamento da dívida dos Estados, da privatização do patrimônio

---

3   Max Weber. *A ética protestante e o espírito do capitalismo*. São Paulo: Companhia das Letras, 2004.

A pulsão plebeia   171

público, da especulação financeira ou da imposição de pacotes fiscais de "austeridade" aos trabalhadores?

Se a ascese capitalista não é mais necessária à acumulação, e os Estados garantirão os lucros e rendas financeiras dos dominantes, o que resta à burguesia fazer? A resposta é simples: cair na farra enquanto o resto da sociedade vive da mão para a boca. Aliás, uma reportagem recente publicada pela revista *Veja São Paulo* sobre os "reis do camarote" da noite paulistana ilustrou à perfeição a natureza parasitária, perdulária, iletrada e patética da burguesia tupiniquim.[4]

O personagem principal da matéria, Alexander de Almeida, é retratado como um incorrigível *bon vivant* sempre disposto a gastar 50 mil reais em uma única noitada. Quando ficamos sabendo que esse senhor é proprietário de um escritório de recuperação de carros cujos clientes são bancos, percebemos a condição de acólito do capital financeiro cuja fortuna acumula-se em razão da desgraça dos devedores.

Evidentemente, o comportamento desse pateta não teria tido maiores consequências, não fosse a desfaçatez pornográfica de sua impostura: um vídeo com os "dez mandamentos do rei do camarote" produzido pela "Vejinha" tornou-se viral na internet, escancarando a arrogância cínica e oca dos proprietários de capital:

> Eu gosto mais de tomar vodca, mas a champanhe "são" "stats". [...] Quando a pessoa tá na pista ela é mais um. Agora quando fica no camarote, ela acaba em evidência. O camarote é uma questão de "stats". [...] A conta você sabe como é, né? Ela pode variar de R$ 5 mil até o infinito (Alexander de Almeida).

Levando-se em conta o atual nível de endividamento das famílias trabalhadoras, não é de se espantar que tantos tenham se sentido afrontados pelos "mandamentos" desse presbítero da igreja do

---

4   João Batista Jr. "Os sultões dos camarotes". *Veja São Paulo*, 1º nov. 2013.

rentismo. Além disso, não deixa de ser trágico que, em um país onde as lideranças petistas batalham diuturnamente pela conciliação de classes em benefício de superlucros financeiros, a tarefa histórica de despertar e estimular o ódio contra os capitalistas e seus capachos tenha sido reservada à revista *Veja*.

Rosa Parks em Itaquera[1]

No dia 1º de dezembro de 1955, no centro da cidade de Montgomery, estado do Alabama, Rosa Parks, uma costureira de 42 anos, subiu em um ônibus a fim de voltar pra casa após mais um dia de trabalho. Ela acomodou-se em um assento para pessoas "de cor" e, após três paradas, as quatro primeiras fileiras reservadas aos brancos já estavam lotadas. O motorista James Blake mandou que ela e os outros três passageiros negros que estavam ao seu lado se levantassem para dar lugar aos brancos que entravam.

Nada de mais, se tivermos em conta que, no Alabama, assim como nos outros estados do sul dos Estados Unidos, vigiam as leis segregacionistas de Jim Crow, as quais exigiam que escolas e locais públicos, incluindo trens e ônibus, tivessem instalações separadas para brancos e negros. Na prática, os negros, mesmo que pudessem pagar, simplesmente não podiam frequentar os mesmos restaurantes ou lojas, usar os mesmos banheiros ou beber água nos mesmos bebedouros que os brancos.

Contraditoriamente, os Estados Unidos viviam o auge do chamado fordismo, modelo de desenvolvimento que integrou produção e

---

1 Publicado no *Blog da Boitempo* em 17 de janeiro de 2014.

174   Ruy Braga

consumo de massa, elevou o padrão material da classe trabalhadora estadunidense e absorveu parte dos conflitos classistas por meio de políticas sociais. Em cidades industriais como Chicago ou Detroit, por exemplo, os trabalhadores negros recém-chegados do Sul formavam a espinha dorsal do orgulhoso operariado fordista. Apesar da persistente discriminação no acesso às qualificações industriais mais complexas, eles eram sindicalizados, recebiam altos salários e começavam a enviar seus filhos para as universidades.

Seguindo os avanços econômicos, uma onda politicamente progressista insinuava-se nos Estados Unidos. Em 1954, a segregação escolar promovida pelo Estado havia sido declarada inconstitucional pela Suprema Corte do país. O espírito do tempo favorecia atitudes ousadas, e Rosa Parks recusou-se a ceder seu lugar no ônibus. O motorista chamou a polícia, que a prendeu, deflagrando assim o mais importante movimento social da história recente dos Estados Unidos.[2]

O movimento dos direitos civis dos negros, uma campanha nacional em defesa da igualdade racial que contou com a participação entusiasmada de milhares de ativistas, negros e brancos, notabilizou-se por seus métodos não violentos. A mecânica era simples: um jovem negro entrava, por exemplo, em uma lanchonete e pedia algo. O proprietário branco recusava-se a atendê-lo. Após uma sessão de gritos, insultos e humilhações, alguém tentava retirá-lo à força. O jovem, então, sentava-se no chão. Ao chegar, a polícia prendia-o por distúrbio da ordem pública. Em seguida, os demais ativistas iniciavam uma campanha

---

2   Em sua autobiografia, Rosa Parks diz curiosamente que, mesmo décadas após o boicote aos ônibus de Montgomery, movimento que surgiu por conta de seu ato de insubmissão, ainda muitos estadunidenses acreditavam que ela não se levantara por estar muito cansada após um dia extenuante de trabalho. No entanto a atitude de Rosa Parks foi planejada minuciosamente pela Associação Nacional pelo Progresso das Pessoas de Cor (NAACP), uma organização criada em 1909 pelo sociólogo negro W. E. B. Du Bois, autor de clássicos das ciências sociais estadunidenses, tais como *The Study of the Negro Problems* (1898), *The Philadelphia Negro* (1899), *The Souls of Black Folk* (1903) e *Black Reconstruction in America* (1935). Para mais detalhes, ver Rosa Parks e Jim Haskins. *My Story*. Nova York: Puffin, 1999.

para libertá-lo da prisão. Isso não apenas fortalecia a repercussão da propaganda igualitarista pelas cidades como atraía novos militantes.

A eficiência desse método revela o nível da opressão que vitimava os negros nos Estados Unidos. Desde que não estivesse lá a trabalho, a simples presença de um negro em uma lanchonete para brancos já era considerada ofensa suficientemente grave para justificar a violência policial. O curioso é que, a rigor, um jovem negro que entrasse em uma loja em Montgomery e pedisse para ser atendido não cometia crime algum. Afinal, as leis segregacionistas referiam-se às escolas e ao sistema de transporte. Daí a necessidade de prendê-los por "perturbação da ordem". Ou seja, o fundamento da prisão era simplesmente o racismo.

Toda vez que leio ou assisto alguma notícia a respeito dos atuais "rolezinhos" em shopping centers paulistanos, lembro-me imediatamente da luta dos negros nos Estados Unidos. De fato, há algo da altivez e da bravura de Rosa Parks na atitude irreverente e desafiadora desses jovens das periferias. A "primeira-dama dos direitos civis", como ficou conhecida, parece ter se mudado pra Itaquera. Da mesma maneira, sinto o cheiro fétido das leis de Jim Crow na repressão dos empresários e da Polícia Militar (PM) aos encontros organizados pelo Facebook.

Ao fim e ao cabo, que crime esses jovens cometeram? O que pode justificar que eles sejam barrados nas portas dos centros comerciais, revistados, imobilizados, ameaçados, agredidos e, finalmente, presos pela PM? As razões só podem ser o racismo e o ódio de classe que transformam a vida dos moradores das periferias em um verdadeiro calvário.

Na realidade, esses encontros condensam aspectos conflitantes do modelo de (sub)desenvolvimento pilotado pela burocracia lulista. Por um lado, temos a desconcentração da renda entre os que vivem dos rendimentos do trabalho, cujo resultado foi a ampliação do acesso dos trabalhadores pobres e precarizados, especialmente os mais jovens, ao crédito.

Apesar da deterioração das condições de trabalho e da dura realidade dos baixos salários, a base da pirâmide da renda composta majoritariamente por negros e não brancos progrediu mais rapidamente que os estratos médios, alterando a norma social de consumo. Atualmente, jovens pobres conseguem comprar um "Mizunão" de mil reais em várias parcelas: "Por enquanto a ostentação está só na imaginação. Só tenho um Mizuno, que custou R$ 1.000. Eu paguei em prestação, porque na lata [à vista] não é fácil não" (Anderson da Silva, 18 anos).[3] O tênis é um signo distintivo de trabalho duro e progresso material calçado por uma moçada com um pouco mais de dinheiro no bolso e querendo se divertir. Aliás, esses jovens cresceram enquanto os centros comerciais das periferias eram construídos, daí sua intimidade com esse ambiente.

Por outro lado, o atual modelo baseia-se em um tipo de acumulação por desapossamento que privatizou o solo urbano ao transformá-lo em uma inesgotável fonte de superlucros capitalizados por bancos e construtoras.[4] Além disso, essa verdadeira financeirização da terra está gentrificando bairros populares, ao deslocar esses mesmos grupos recém-promovidos ao consumo para regiões mais distantes.[5]

Do movimento dessas placas tectônicas surgiu o recente terremoto que assusta empresários e autoridades governamentais. Os desejos de lazer e consumo de milhões de jovens recém-chegados ao mercado de trabalho chocam-se com a inexistência de espaços públicos nas periferias e com instituições plasmadas por uma soma de racismo e ódio de classe. A acumulação por desapossamento aprofunda a segregação espacial, exacerbando a discriminação racial:

---

3   Em depoimento a Letícia Macedo e Paulo Toledo Piza. "'Rolezinho' nas palavras de quem vai". *G1*, 15 jan. 2014.

4   Para mais detalhes sobre o conceito de "acumulação por desapossamento", ver David Harvey. *O novo imperialismo, op. cit.*

5   Veja-se o caso de Itaquera, por exemplo, onde a construção do estádio do Corinthians e os investimentos em mobilidade urbana decorrentes da Copa do Mundo inflacionaram os aluguéis e os valores dos serviços na região. Para mais detalhes, ver Luiz Henrique de Toledo. "Quase lá: a copa do mundo no Itaquerão e os impactos de um megaevento na sociabilidade torcedora". *Horizontes Antropológicos*, Porto Alegre, ano 19, n. 40, jul./ dez. 2013, p. 149-84.

"Aqui na nossa quebrada [em Guaianazes] não tem muita opção de lazer para os jovens. Não tem uma quadra da hora, uma praça pra gente se reunir, não tem nada" (Daniel de Souza, 18 anos).

"O maior defeito do Jardim Nazaré é não ter espaço para o lazer. Falta lugar pra gente se encostar e ninguém discriminar. Se a gente fica na praça à noite, eles vão achar que a gente está usando drogas" (Caique Vinicius, 19 anos).[6]

Assim, importa menos a aparente despolitização dos encontros do que a revelação da face racista do atual modelo de (sub) desenvolvimento:

"A gente foi pra se divertir, ficar com as meninas e conhecer outras pessoas. Mas a polícia chegou com cassetete. [...] Chegou com agressão pra gente tudo ir embora, bala de borracha, gás. Eu achei errado. Se fosse numa conversa como gente grande, agente poderia chegar num acordo, colocar um lugar pra fazer esses 'rolês'" (Lucas Lima, 17 anos).

Diante desse tipo de experiência, a politização dos rolezinhos não deve tardar. A propósito, o simples fato de ir ao shopping center em grupo já é um ato inadvertidamente político. Afinal, esses jovens estão se reapropriando de espaços que lhes foram espoliados pela privatização da cidade. Na realidade, observamos um desdobramento previsível do processo aberto em junho passado e enraizado no atual esgotamento do ciclo de crescimento com certa redistribuição de renda. A desaceleração econômica tem ajudado a precipitar a transformação da inquietação social das periferias em indignação com a maneira deplorável como os jovens negros são tratados no país.

---

6 Letícia Macedo e Paulo Toledo Piza. "'Rolezinho' nas palavras de quem vai", *op. cit.*

No final do ano, essa juventude decidiu testar os limites do atual modelo, esbarrando acidentalmente na tática da não violência que os negros estadunidenses empregaram nos anos 1950 e 1960. Sabemos como a resiliência do racismo na América – expressa, por exemplo, no assassinato de Martin Luther King – ajudou a radicalizar parte do movimento dos direitos civis e a criar o partido *Black Panther*.[7] Hoje, ainda é possível identificar a serenidade de Rosa Parks nos semblantes dos presos em Itaquera. Enfim, eles desejam apenas ser encarados com dignidade, nem que para isso ostentem roupas de marca e acessórios caros. Amanhã, contudo, pode ser que o fantasma de Huey P. Newton seja visto dando um rolezinho pela Faria Lima.

---

7 Posso apostar que outro "black" deverá aparecer nos shopping centers da cidade caso a repressão aos rolezinhos insista em perdurar.

A cor mais visível[1]

Aqueles com mais de trinta anos certamente vão se lembrar: o final da década de 1980 e o início dos anos 1990 foram marcados por uma combinação explosiva de descontrole inflacionário, recessão econômica, crise política e progressos da mobilização popular. O colapso do modelo de desenvolvimento apoiado na substituição de importações promoveu um clima de economia de guerra no Brasil, no qual famílias trabalhadoras eram obrigadas a estocar comida em casa por conta da incerteza dos preços e da indisponibilidade dos meios de subsistência nos mercados.

A convulsão social era tamanha, que o resultado do primeiro turno da eleição presidencial de 1989 conduziu dois candidatos periféricos em relação ao sistema político da época ao escrutínio final: Fernando Collor de Melo e Luiz Inácio Lula da Silva. A política econômica recessiva adotada por Collor para combater a inflação, bem como o escândalo de corrupção que atingiu seu governo explicam em parte sua impopularidade durante o processo de seu impeachment. Nesse contexto, as greves transformaram-se em regra: bancários, funcionários públicos, petroleiros e metalúrgicos, entre tantas outras categorias,

---

1 Publicado no *Blog da Boitempo* em 2 de abril de 2014.

180 Ruy Braga

mobilizaram-se para defender seus salários e seus empregos contra a inflação, a recessão e a carestia.

Pois em 2012, conforme o Sistema de Acompanhamento de Greves do Departamento Intersindical de Estatística e Estudos Socioeconômicos (SAG-Dieese), os trabalhadores brasileiros protagonizaram uma onda grevista inferior apenas àquela dos anos 1989 e 1990.[2] O curioso é que, ao contrário da década de 1980, o país não passa por um período de descontrole inflacionário. Além disso, a estrutura social, apesar da relativa desaceleração no ritmo do crescimento do Produto Interno Bruto (PIB), continua gerando, em um ritmo inferior, é verdade, empregos formais. O escândalo político da compra da refinaria texana de Pasadena pela Petrobras vai, sem dúvidas, arranhar a popularidade da presidente Dilma Rousseff, mas dificilmente será capaz de, isoladamente, colocar em risco sua reeleição.

Com as Jornadas de Junho, é muito provável que a onda grevista que percorre o país nos últimos anos tenha alcançado um novo recorde histórico. Caso essa expectativa seja confirmada pelos números, o país terá deixado para trás o declínio grevista das últimas duas décadas, e o movimento sindical readquirido seu protagonismo político popular. De fato, desde 2008 a curva grevista não cessa de subir no país. Em várias capitais, as greves bancárias tornaram-se rotineiras. Professores, funcionários públicos, metalúrgicos, operários da construção civil, motoristas e cobradores reconciliaram-se decididamente com a mobilização sindical. Se não passamos por uma crise econômica e estamos longe de uma crise política, como explicar então a renovação do apetite grevista dos trabalhadores brasileiros?

Uma mirada nas reivindicações grevistas da esfera privada em 2012 talvez ajude a entendermos melhor essa mudança no comportamento político dos subalternos. Segundo dados colhidos pelo Dieese, 42,3% das reivindicações das 330 greves pesquisadas na indústria de transformação diziam respeito ao Programa de Participação nos Lucros e

---

2   Dieese, *Estudos e Pesquisas*. Balanço das Greves em 2012, n. 66, maio 2013.

Resultados (PLR), algo que claramente aponta para uma atitude mais ofensiva dos trabalhadores em suas campanhas salariais. Com o mercado de trabalho ainda aquecido, os operários sentem-se mais confortáveis em exigir uma fatia maior do bolo.

Apesar disso, reivindicações tipicamente defensivas, isto é, demandas que buscam simplesmente conservar direitos conquistados contra os ataques patronais, também aparecem nas pautas dos grevistas: reajuste do tíquete-alimentação (37,6%), assistência médica (19,4%), atraso salarial (15,8%) e depósito do Fundo de Garantia por Tempo de Serviço (FGTS) (10,3%) destacam-se. Esses são sinais de alerta que apontam para a deterioração do meio ambiente empresarial, anunciando certa turbulência econômica mais adiante.

No setor da economia que mais cresceu nos últimos vinte anos – os serviços –, as demandas defensivas superaram, de longe, as reivindicações ofensivas, denotando uma nítida degradação das condições de consumo da força de trabalho. Das 123 greves consideradas, nada menos do que 43,1% apresentavam o reajuste do tíquete-alimentação como principal reivindicação. Na sequência, temos o atraso de salário (34,1%), a assistência médica (19,5%), o transporte (16,3%), as condições de trabalho (11,4%) e, finalmente, a PLR (10,6%).

Em suma, na indústria de transformação, sindicalmente mais organizada e na qual a força de trabalho é mais qualificada, os ganhos salariais são mais salientes e as negociações coletivas têm trazido alguns bons resultados aos operários, prevalecendo uma dinâmica discretamente redistributiva. Entre 2008 e 2012, os reajustes salariais, em comparação com o Índice Nacional de Preços ao Consumidor (INPC) do Instituto Brasileiro de Geografia e Estatística (IBGE), garantiram aumentos reais aos trabalhadores em 85,6% dos casos na média, alcançando o patamar histórico de 94,6% em 2012. Mesmo considerando a desaceleração dessa tendência verificada entre os meses de janeiro e abril de 2013, quando 86,2% das unidades de negociação alcançaram reajustes salariais acima da inflação, ainda assim é possível afirmar que

182 Ruy Braga

a tendência progressista segue presente nos setores trabalhistas sindicalmente mais organizados no país.[3]

O quadro adquire tonalidades bem mais sombrias se olharmos para o setor de serviços. Acantonando a maior parte da força de trabalho não qualificada e semiqualificada, os serviços privados historicamente apresentam altas taxas de rotatividade, multiplicando empregos em ocupações sub-remuneradas, informais e precarizadas. Trata-se de uma parte da classe trabalhadora que tradicionalmente experimenta inúmeras dificuldades para se organizar sindicalmente. Além disso, quando existem, os sindicatos do setor são pouco atuantes.

Isso tudo serve apenas para destacar a importância da greve iniciada no dia 1º de março pelos garis da cidade do Rio de Janeiro. Diante da intransigência patronal, da insensibilidade da prefeitura e do imobilismo sindical, os trabalhadores da limpeza urbana automobilizaram-se a fim de lutar, além do reajuste do tíquete-alimentação (12 reais), pelo aumento de seus parcos ordenados (800 reais). Após oito dias de greve, uma vitória histórica: o governo municipal aceitou reajustar os salários para 1.100 reais e o tíquete-alimentação para 20 reais.

É difícil imaginar um grupo mais precarizado de trabalhadores. Karl Marx criou uma categoria para analisar essa parte da classe trabalhadora: a população "estagnada". Ou seja, aquele grupo que, a um passo do pauperismo, encontra-se inserido em condições tão degradantes de trabalho que sua reprodução social decai para níveis subnormais.[4] Pois bem, quais as chances de esses trabalhadores atropelarem um sindicato governista, enfrentarem ameaças de demissão, resistirem à repressão policial, conquistarem a simpatia popular e derrotarem um governo municipal tão poderoso quanto o da cidade do Rio de Janeiro?

Além da coragem pessoal e da disposição combativa demonstradas pelos garis, sua engenhosidade foi decisiva para a vitória do movimento.

---

3   *Ibidem.*

4   Karl Marx. *O capital.* Crítica da economia política. Livro I: O processo de produção do capital. São Paulo: Boitempo, 2013.

A pulsão plebeia   183

Instintivamente, os trabalhadores da limpeza urbana construíram o que poderíamos chamar de "política simbólica do trabalho".[5] Como superar obstáculos tão poderosos à automobilização? Apenas tornando público um problema tratado como se fosse de domínio privado, os subalternos podem reequilibrar minimamente a balança.

Pois, durante a mais importante festa popular brasileira, justamente na cidade do Carnaval, quando o mundo todo está admirando a folia carioca, o lixo acumulou-se nas ruas, lembrando a todos a importância desses homens e mulheres "invisíveis".[6] Isso sem mencionar as assembleias grevistas realizadas em locais públicos. A greve tornou-se um incontornável assunto de domínio público, retirando o manto da invisibilidade social que cobria esse grupo.

O povo do Rio de Janeiro assistiu, então, à formação de uma gigantesca onda laranja, a cor usada por um grupo de homens e mulheres que, até então, passava despercebido pela paisagem urbana. Curiosa contradição: por razões de segurança, os garis vestem-se com a cor mais visível. Ainda assim, raramente eram notados. Diz-se que a cor laranja é associada à *euforia*. Além disso, no espectro luminoso, ela está entre o amarelo, cor associada à *apatia*, e o vermelho, a cor sanguínea associada à *revolução*. Depois do Carnaval deste ano, alguém duvida que as lições trazidas por esta greve irão libertar muitos outros trabalhadores precarizados do cárcere da apatia política e da invisibilidade social?

---

5   Para mais detalhes, ver Jennifer Jihye Chun. *Organizing at the Margins*. Ithaca: Cornell University, 2009.

6   Para mais detalhes, ver Fernando Braga da Costa. *Homens invisíveis*: relato de uma humilhação social. São Paulo: Globo, 2004.

A rebelião "pé de obra"[1]

O espectro das Jornadas de Junho continua a rondar o país, reaparecendo em lugares ainda há pouco considerados insólitos. Se não há dúvidas de que a insatisfação popular relativa aos gastos com as novas arenas foi uma das principais razões do início das mobilizações que açambarcaram o Brasil durante a Copa das Confederações, quem apostaria que também fora dos gramados o espírito do tempo sensibilizasse os jogadores profissionais?

Pois, há duas semanas, a Confederação Brasileira de Futebol (CBF) anunciou seu novo calendário. Devido à Copa do Mundo, que ocupará 45 dias da programação, o início da temporada foi antecipado para 12 de janeiro de 2014. Ou seja, a fim de não contrariar interesses comerciais ligados aos campeonatos estaduais, ao Brasileirão e às copas continentais interclubes, a entidade máxima do futebol brasileiro decidiu sacrificar o período de preparação dos desportistas.

Assim, a maioria dos clubes será obrigada a realizar uma pré-temporada de alguns poucos dias. Entre especialistas, não há dúvida de que o tempo de preparação não deve ser inferior a trinta dias, caso

---

1   Publicado no jornal *O Estado de S. Paulo* em 13 de outubro de 2013.

186 Ruy Braga

contrário os atletas arriscam-se a sofrer contusões mais graves ao longo de toda a temporada.

O esporte mimetiza a vida. A última década de progresso econômico com relativa redistribuição de renda entre os que vivem dos rendimentos do trabalho foi acompanhada, segundo dados do Ministério da Previdência Social, pela duplicação do número de acidentes de trabalho. Mesmo relacionando essa verdadeira epidemia ao aumento da População Economicamente Ativa (PEA) e ao bom desempenho da economia, ainda assim a acentuada degradação das condições trabalhistas é patente.[2]

Seria despropositado relacionar o despotismo empresarial, igualmente manifesto na permanente elevação da taxa de rotatividade do trabalho, à curva ascendente dos acidentes, adoecimentos e mortes de trabalhadores? *Mutatis mutandis*, não estaria se insinuando, atrás do novo calendário, um sistema despótico aparentado em que lucros comerciais e midiáticos ampliam-se à custa da saúde dos atletas?

Tudo como dantes no quartel de Abrantes, não fosse um detalhe: após anos de críticas veladas à maratona de jogos e ao tempo exíguo de preparação, finalmente, 75 jogadores profissionais, liderados por estrelas como Rogério Ceni, Paulo André, Alex, Alexandre Pato, Barcos, Dida, Juninho Pernambucano, Zé Roberto, Valdivia, D'Alessandro, Juan e Luís Fabiano, decidiram reivindicar coletivamente uma reunião com a CBF a fim de debater o número máximo de partidas do ano, o tempo mínimo de pré-temporada, o período de férias e o equilíbrio financeiro dos clubes.[3]

De fato, o espectro de Junho ronda os gramados. Mas há outras razões para essa mudança comportamental. Afinal, não é segredo que o aprofundamento da crise econômica europeia, somado ao desempenho

---

2 Brasil, Ministério da Previdência Social *et al. Anuário Estatístico de Acidentes do Trabalho: AEAT 2011*, Brasília, MTE/MPS, v. 1, 2012.

3 "Insatisfeitos, atletas criam movimento para mudar calendário de jogos da CBF". *O Estado de S. Paulo*, 24 set. 2013.

positivo da economia brasileira e ao aumento dos investimentos decorrente da Copa do Mundo, criou um clima favorável à repatriação de craques que atuaram por várias temporadas no bem organizado futebol europeu.

Afora o fato de que muitos dos que assinaram a nota à imprensa divulgada no dia 24 de setembro vivem um momento da carreira mais suscetível às contusões, a verdade é que podemos estar diante de uma revolução cultural no futebol, com jogadores recusando-se a serem tratados como "pé de obra", isto é, como uma massa subalterna e silente, por cartolas alheios a suas condições de trabalho.

Há poucos meses, um recado equivalente não foi enviado aos políticos? Se em junho uma geração mais escolarizada de jovens trabalhadores precarizados criticou, além da péssima qualidade dos serviços públicos, as condições de vida nos grandes centros urbanos, chocando-se com um enrijecido sistema representativo, os desportistas profissionais avançam pela mesma vereda, revoltando-se contra um calendário alienante que os obriga a interpelar uma petrificada confederação esportiva.

Além disso, se em junho os manifestantes se organizaram horizontalmente, ignorando as estruturas sindicais tradicionais, o atual movimento dos jogadores também passou por cima da Federação Nacional dos Atletas Profissionais de Futebol (Fenapaf). Em síntese, os craques saíram do Twitter.

Da mesma maneira que, ao ser desafiado pelas ruas, o sistema político tradicional buscou absorver a insatisfação popular por meio de medidas paliativas, o presidente José Maria Marin não fez ouvidos moucos à nota dos desportistas, apressando-se em afirmar que está disposto a debater as reivindicações.

Obviamente, é difícil prever qual será o resultado dessa mobilização. Afinal, segundo estudo realizado recentemente pela Fundação Getúlio Vargas, o futebol brasileiro movimenta cerca de 11 bilhões de reais por ano, podendo chegar a 62 bilhões de reais com a modernização dos estádios e da gestão esportiva. Trata-se evidentemente de um universo poderosíssimo de interesses comerciais e midiáticos gravitando em torno da bola.[4]

No entanto, nos dias atuais, algo parece meridianamente claro: nas ruas e nos gramados, a era da passividade bovina ficou para trás.

---

4 Pedro Trengrouse. "A Copa e o Brasil". *Folha de S.Paulo*, 10 jul. 2013.

Pra onde vai o precariado brasileiro?[1]

Apresentação

Para interpretarmos a dinâmica sindical em um país com as características do Brasil, é necessário levar em consideração três fatores. Em primeiro lugar, o modo de *reprodução do capitalismo tardo-periférico* que se desenvolveu de maneira associada e dependente de investimentos estrangeiros oriundos do mercado mundial e que, por isso mesmo, tende a bloquear concessões materiais aos trabalhadores, perpetuando as condições de produção do trabalho barato. Em seguida, a *estrutura sindical corporativa* que, em termos práticos, transformou a maioria dos dirigentes sindicais em funcionários públicos de segunda categoria responsáveis por administrar e promover políticas assistencialistas. E, finalmente, a marcante presença de um amplo contingente de *trabalhadores informais, jovens, desqualificados – ou semiqualificados –, sub-remunerados, inseridos em ocupações degradantes e submetidos a altas taxas de rotatividade do trabalho.*[2]

---

1 Publicado na revista *Perseu*: História, Memória e Política, São Paulo, n. 10, 2014.

2 Para mais detalhes, ver Ruy Braga. *A política do precariado*: do populismo à hegemonia lulista. São Paulo: Boitempo, 2012.

O enigma do precariado

Na realidade, existem muitas interpretações sobre o significado da noção de precariado. Na Europa, por exemplo, tendo em vista o aprofundamento da crise econômica, o recuo da proteção social e o explosivo aumento do desemprego juvenil, é mais comum observarmos essa palavra associada à emergência das chamadas "novas classes perigosas", para usarmos a expressão de Guy Standing.[3] De acordo com esse autor, o precariado seria formado por aqueles grupos sociais mais vulneráveis e empobrecidos, jovens desempregados ou subempregados, cada dia mais distantes dos direitos sociais ou das políticas de bem-estar das próprias empresas e, por isso mesmo, inclinados a abraçar soluções populistas autoritárias e/ou xenofóbicas. Assim, o precariado seria o produto do colapso do compromisso fordista que prevaleceu na Europa ocidental até meados da década de 1990 e garantiu um equilíbrio entre ganhos salariais e proteção social – ao menos para os trabalhadores brancos, masculinos, nacionais, adultos e sindicalizados.

Por diferentes razões, considero essa noção, conforme entendida por Standing, – e algumas de suas variantes, como a ideia muito popular em Portugal de associar o precariado à juventude qualificada e subempregada, por exemplo – teoricamente inadequada.[4] Em vez de ressentidos contra os imigrantes, os setores mais jovens mostram-se claramente inclinados a enfrentar as políticas de austeridade da "Troika" (União Europeia, Banco Central Europeu e Fundo Monetário Internacional), por meio de mobilizações que procuram defender os direitos universais. Vejam-se os casos de Portugal, Espanha e Grécia, por exemplo.

Por outro lado, e este é o ponto que gostaria de destacar, percebo um problema analítico bastante sério na interpretação daqueles que

---

3 Para mais detalhes, ver Guy Standing. *O precariado*: a nova classe perigosa. São Paulo: Autêntica, 2013).

4 Para mais detalhes, ver José Nuno Matos, Nuno Domingos, Rahul Kumar (orgs.). *Precários em Portugal*: entre a fábrica e o "call center". Lisboa: Edições 70, 2011.

A pulsão plebeia   191

afirmam o seguinte: bem, antes do Tratado de Maastricht e da atual crise econômica, não havia um "precariado" na Europa ocidental, pois uma ampla rede de proteção social afiançava a incorporação dos trabalhadores por meio de políticas públicas de pleno emprego. Segundo esse tipo de interpretação, o colapso final do modelo de desenvolvimento fordista europeu teria produzido essa "nova classe" permeável às soluções autoritárias etc. Na realidade, esse estilo de análise tende a obnubilar a percepção da reprodução – mesmo no auge do fordismo, na Europa ocidental e nos Estados Unidos – da ampla camada de trabalhadores precarizados formada, sobretudo, por jovens imigrantes não sindicalizados e não brancos.[5]

A fim de superar esses problemas analíticos, decidi "ressignificar" o conceito de "precariado" criado pela sociologia do trabalho europeia (Standing, Castel, Paugam etc.), atribuindo-lhe dois outros significados: um *realista* e apoiado na inserção socio ocupacional do proletariado precarizado, isto é, aqueles trabalhadores que, pelo fato de não possuírem qualificações especiais, entram e saem muito rapidamente do mercado de trabalho.[6] Em minha opinião, o precariado é, em primeiro lugar, aquele setor da classe trabalhadora pressionado de forma permanente pelo aumento da exploração econômica e pela ameaça da exclusão social. Por outro lado, busquei compreender de modo *construtivista* a formação da consciência de classe do precariado brasileiro em condições capitalistas periféricas, por meio da análise de sua práxis política desde o período da industrialização fordista no país até a atual hegemonia lulista.

---

5   Além disso, essa interpretação extrai artificialmente a precariedade inerente à mercantilização do trabalho da relação salarial "canônica", isto é, a relação salarial fordista. Para mais detalhes, ver Robert Castel. *As metamorfoses da questão social*: uma crônica do salário. Petrópolis: Vozes, 1998; e Serge Paugam. *La disqualification sociale*: essai sur la nouvelle pauvreté. Paris: Presses Universitaires de France, 1991.

6   Devemos também acrescentar jovens trabalhadores à procura do primeiro emprego, indivíduos que estão na informalidade e desejam alcançar o emprego formal – além de trabalhadores sub-remunerados e inseridos em condições degradantes de trabalho.

192   Ruy Braga

Essa ressignificação do conceito de precariado é útil para compreendermos que a reprodução do capitalismo tardo-periférico brasileiro promoveu o avesso dialético do consentimento operário à exploração econômica, isto é, a *inquietação social*. Sugerimos que a apreensão do comportamento político do proletariado precarizado deve considerar tanto a relação deste com o regime de acumulação pós-fordista e financeirizado, quanto com o atual modo de regulação lulista. A partir daí, devemos ser capazes de articular o realismo da inserção desses grupos precarizados na estrutura social com o construtivismo do amadurecimento de sua experiência de mobilização coletiva em diferentes contextos históricos do desenvolvimento da consciência de classe. Assim, concluímos que a condição que melhor traduz o proletariado precarizado hoje em dia no país é a *inquietação social*.

Teleoperadores: um retrato do precariado brasileiro

Essa conclusão adveio do estudo de caso da indústria paulistana do *call center* ao longo da segunda metade da década de 2000.[7] De fato, esse foi o setor que, na última década, mais acolheu trabalhadores, em especial mulheres não brancas e jovens oriundas da informalidade, garantindo-lhes acesso aos direitos sociais, além de alguma qualificação técnica. No Brasil, a indústria do *call center* formou-se apenas recentemente: na realidade, 96% das centrais de teleatividades brasileiras foram criadas após 1990, e 76% a partir de 1998, ano da privatização do sistema Telebrás e auge do neoliberalismo no país. Entre 1998 e 2002, o número de ocupados no setor cresceu a uma taxa anual de 15%, e dados do Ministério do Trabalho indicam que durante o governo de Lula da Silva essa taxa aumentou para 20% ao ano, acumulando uma variação de 182,3% entre 2003 e 2009. Ao somar as centrais de teleatividades terceirizadas e as próprias, a Associação Brasileira de Telesserviços (ABT), entidade que representa as principais companhias

---

7   Para mais detalhes, ver Ruy Braga. A *política do precariado, op. cit.*

de *call center*, estima que, em 2012, mais de 1,4 milhão de trabalhadores estariam empregados no setor.

Esse crescimento transformou o setor de *call center* na principal porta de entrada para os jovens no mercado formal de trabalho do país, além de criar a segunda e a terceira maiores empregadoras privadas brasileiras, respectivamente as companhias Contax (78.200 funcionários) e Atento (76.400 funcionários). Em suma, nascido do processo de desconstrução neoliberal do antigo sistema de solidariedade fordista, experimentando o aumento da concorrência e da fragmentação vivido pelos novos grupos de trabalhadores, o número de teleoperadores no país cresceu em um ritmo acelerado durante os dois mandatos de Lula da Silva. Resultado do amadurecimento de um novo regime de acumulação pós-fordista no país, os *call centers* brasileiros alimentam-se desse vasto contingente de trabalhadores jovens, especialmente mulheres e negros, em busca de uma primeira oportunidade no mercado formal de trabalho.

Os baixíssimos salários praticados no setor acompanham a pouca qualificação: após um treinamento básico, o teleoperador – ainda não proficiente – é colocado na Posição de Atendimento (PA), necessitando ficar atento aos procedimentos utilizados pelos colegas mais experientes para alcançar suas metas de vendas ou número de atendimentos. Em minha pesquisa de campo, pude registrar por meio de entrevistas que esse tipo de situação acrescenta uma importante carga de estresse nos primeiros meses de trabalho do teleoperador, até que ele se sinta habituado ao produto. Exatamente porque a indústria de *call center* não necessita, em termos gerais, de uma força de trabalho qualificada, as empresas beneficiam-se de um regime de relações de trabalho apoiado sobre elevadas taxas de rotatividade.

Aliás, o ciclo ao qual o trabalhador está submetido é bastante conhecido pelas empresas: em geral, o teleoperador necessita de dois a três meses de experiência para se tornar proficiente no produto. Trata-se, como observado, de um período estressante, pois o desempenho exigido dificilmente é alcançado pelo trabalhador ainda inexperiente.

194   Ruy Braga

Após esses primeiros meses, o teleoperador encontra-se apto a alcançar as metas: advém um período de, aproximadamente, um ano, ao longo do qual ele obtém certa satisfação residual em razão do domínio do produto. É o momento em que o teleoperador apresenta seu melhor desempenho, sendo reconhecido pela empresa por meio de brindes, da escolha de destaque da semana com foto na parede, de pequenas festas ao final da jornada de trabalho etc. Para tanto, é usual observarmos equipes formadas pela empresa contratante atuando junto às operações e especializadas em promover atividades motivacionais.

Uma característica importante do ciclo do teleoperador, capaz de lançar alguma luz sobre o período em que ele alcança a *satisfação residual*, diz respeito ao trabalho em equipe, predominante no setor, e que se impõe como uma necessidade do sistema de metas. Assim, existem metas individuais, do grupo e de toda a operação. A parte variável do salário do teleoperador é composta pela soma desses diferentes níveis. Logo, o funcionamento do sistema de metas tende a reforçar a solidariedade no interior do grupo de trabalho, emulando o trabalhador. Além disso, tendo em vista a grande concentração de jovens e mulheres no telemarketing, é muito comum a formação de "panelinhas", pequenos grupos de jovens que se conhecem no trabalho, mas que também se encontram nas folgas, compartilhando hábitos de lazer e de consumo. Relatos de viagens e passeios com colegas de trabalho são frequentes. Durante as entrevistas com teleoperadoras, ficou patente a importância desses vínculos de amizade tanto para o sucesso das metas quanto para o desejo de permanecer na empresa ou na mesma operação.

No entanto, o endurecimento das metas, a rotinização do trabalho, o despotismo dos coordenadores de operação, os baixos salários e a negligência por parte das empresas quanto à ergonomia e à temperatura do ambiente promovem o adoecimento e alimentam o desinteresse pelo trabalho.[8]

---

8   Para mais detalhes, ver Paulo Gilvane Lopes Pena, Adryanna Cardim e Maria da Purificação Araújo. "Taylorismo cibernético e Lesões por Esforços Repetitivos em operadores de telemarketing em Salvador-Bahia". *Caderno CRH*, v. 24, n. 1, 2011.

A pulsão plebeia   195

Nessa fase, o teleoperador deixa de "dar o resultado", sendo então demitido e substituído por outro, que recomeçará o mesmo ciclo. Devido à horizontalização hierárquica promovida pelos sistemas informacionais, as oportunidades de ascensão vertical no setor são escassas. Normalmente, o teleoperador insatisfeito deseja ser transferido para uma operação considerada mais fácil ou rentável – em termos da parte variável do salário –, ascender à supervisão ou ser promovido para alguma função associada ao controle de qualidade. Em poucos casos, os salários são de fato incrementados ou as condições de trabalho modificam-se de forma acentuada. A via da demissão é bastante usual.

Evidentemente, a rotatividade produziu um acentuado descontentamento entre os teleoperadores entrevistados, em especial entre os mais experientes: a despeito de seus notáveis esforços individuais em ascender profissionalmente, seja frequentando uma faculdade particular noturna (quase um terço do total de teleoperadores de nossa amostra declarou estar cursando o ensino superior), seja pelas tentativas de progredir para funções superiores no interior da própria empresa, em raras ocasiões os teleoperadores lograram aumentar significativamente seus salários ou incrementar suas condições de trabalho. Afinal, como poderia ser diferente? Durante a última década, 94% dos empregos formais pagavam até 1,5 salário mínimo[9]... O descontentamento observado durante as entrevistas só não foi maior porque o setor está em constante renovação por meio da chegada de importantes contingentes de trabalhadores jovens em busca do primeiro emprego no mercado formal.

De fato, para muitas teleoperadoras entrevistadas, a sensação de progresso ocupacional encontra-se fortemente associada à transição da informalidade para a formalidade. Durante nossa pesquisa de campo, entrevistamos inúmeras jovens teleoperadoras filhas de empregadas domésticas que claramente identificaram no contraponto ao trabalho doméstico – destituído de prestígio, desqualificado, sub-remunerado e incapaz de proporcionar um horizonte profissional

---

9   Marcio Pochmann. *Nova classe média?, op. cit.*

– a principal razão de ter buscado a indústria do *call center* em vez de seguir os passos das mães – mesmo quando a diferença salarial era favorável ao trabalho doméstico.

No telemarketing, essas jovens perceberam a oportunidade tanto de 1) alcançar direitos trabalhistas, quanto 2) terminar a faculdade particular noturna que o trabalho doméstico, devido à incerteza dos horários, assim como à baixa intensidade dos direitos, é incapaz de prover. Assim, não é surpresa que a insatisfação na indústria de *call center* seja relativamente controlada pela contratação preferencial de certo "perfil" de trabalhador: com uma taxa de participação feminina na força de trabalho gravitando em torno de 70%, além de uma alta ocorrência de afrodescendentes, é possível dizer que o grupo brasileiro de teleoperadores é formado em sua maioria por jovens mulheres não brancas recém-saídas da informalidade. Ou seja, trata-se daquela camada de trabalhadores que historicamente tem ocupado as piores posições no mercado de trabalho brasileiro, além de chefiar 80% das famílias monoparentais do país.

No entanto, o acúmulo de experiências com o infotaylorismo e com o regime de mobilização permanente da força de trabalho faz com que esses trabalhadores desenvolvam comportamentos críticos em relação às empresas. Apesar das dificuldades estruturais à organização coletiva impostas pela indústria de *call center*, a partir especialmente de 2005 é possível verificar um progressivo aumento do nível de atividade sindical no setor.

O movimento sindical na periferia capitalista

Eis nossa hipótese: o atual modelo de desenvolvimento brasileiro apoia-se em condições precárias de trabalho que alimentam um estado de inquietação social dos subalternos. Isso sem falar nos baixos salários e no crescente endividamento das famílias trabalhadoras. Não se trata de uma novidade histórica, afinal, ao longo de todo o ciclo da industrialização fordista periférica no país (1950-1980), trabalhadores

A pulsão plebeia 197

submetidos a condições precárias de trabalho e inserção urbana mobilizaram-se politicamente a fim de alcançar e efetivar a promessa dos direitos da cidadania, ocupando terras urbanas e rurais, participando de greves consideradas "ilegais" pelo Estado, enfrentando a polícia e, naturalmente, pressionando o movimento sindical oficial a incorporar suas demandas.[10]

De fato, trata-se de um traço muito característico do funcionamento do capitalismo na periferia, mas que tem igualmente avançado nos países capitalistas centrais. No Brasil, país de passado colonial e escravocrata, a dificuldade de formação de poupança interna para investimento de capitais é conhecida. No século XX, a estrutura social brasileira cresceu muito, mas de maneira associada e dependente, tanto em termos de capitais como de tecnologias. Esquematicamente, isso promoveu dois efeitos econômicos bastante conhecidos: por um lado, o capital que entra na produção – tendo em vista a divisão internacional do trabalho plasmada pela mundialização da tripartição fordista entre concepção, fabricação e montagem – tende a se concentrar na manufatura semiqualificada que paga baixos salários e, por outro, a economia como um todo expatria muito capital rumo aos países centrais onde ficam as sedes das principais multinacionais.[11]

A financeirização da economia, que se intensificou com o Plano Real (1994), piorou ainda mais essa situação, ao atrair, por meio de juros estratosféricos, sobretudo, o capital financeiro de curto prazo interessado principalmente em financiar a dívida pública. A indústria de transformação desnacionalizou-se e regrediu, esmagando ganhos de produtividade e acentuando o chamado efeito de "dependência" da estrutura social.[12]

---

10 Para mais detalhes, ver Adalberto Cardoso. *A construção da sociedade do trabalho no Brasil, op. cit.*

11 Para mais detalhes, ver Alain Lipietz. *Miragens e milagres*: problemas da industrialização no Terceiro Mundo. São Paulo: Nobel, 1988.

12 Para mais detalhes, ver Leda Paulani. *Brasil delivery*: servidão financeira e estado de emergência econômico. São Paulo: Boitempo, 2008.

Ao mesmo tempo, a industrialização fordista foi acompanhada pela institucionalização de direitos sociais e trabalhistas que, num contexto econômico marcado pela relativa incapacidade de empresas pagarem bons salários ou aceitarem concessões materiais aos trabalhadores, demarcou um campo legítimo para as lutas sindicais. No entanto essa mesma dinâmica de reconhecimento dos conflitos trabalhistas acabou por reforçar a tutela do Estado sobre os sindicatos, transformando o movimento sindical brasileiro, para empregarmos uma conhecida expressão de José Albertino Rodrigues, em fator de mudança e de imobilismo ao mesmo tempo.[13]

Em suma, um movimento sindical pressionado por bases sociais submetidas a baixíssimos salários, condições de trabalho degradantes e pouca proteção social foi obrigado a negociar com as empresas e o governo pequenas concessões materiais a fim de responder à pressão social dos "de baixo". Ao mesmo tempo, o sindicalismo brasileiro foi incapaz de ultrapassar os limites da estrutura sindical corporativa, pois, basicamente, dependia – e ainda depende – da chancela do Estado para se reproduzir. Dessa forma, a despeito de assimilar tensões que o impulsionam rumo à inovação, é possível afirmar que o movimento sindical brasileiro tem desempenhado predominantemente a função de agente moderador das demandas dos trabalhadores.

O ciclo grevista de 1978-1980 no chamado ABC paulista – tradicional região industrial na metrópole paulistana composta pelos municípios de Santo André, São Bernardo do Campo e São Caetano do Sul – pareceu romper com esse padrão. Afinal, as lideranças políticas do "novo sindicalismo", tendo Lula da Silva à frente, foram presas pela ditadura militar, e o Sindicato dos Metalúrgicos de São Bernardo do Campo passou por uma intervenção do regime. Em termos globais, podemos dizer que houve uma clara descontinuidade da relação da

---

13 José Albertino Rodrigues. *Sindicato e desenvolvimento no Brasil*. São Paulo: Difusão Europeia do Livro, 1968.

A pulsão plebeia 199

estrutura sindical com o movimento dos trabalhadores.[14] No entanto é necessário considerar que essa descontinuidade foi efêmera, e logo a burocracia sindical de São Bernardo do Campo voltou a se reconciliar com a estrutura oficial, isto é, com o aparelho de Estado brasileiro do qual é um produto.

Em retrospectiva, é possível perceber que a rebeldia demonstrada no final dos anos 1970 era menos da burocracia sindical – que, digamos claramente, nunca desejou nem promover nem liderar greves –, do que das próprias bases metalúrgicas, sobretudo daquele grupo formado pelos setores mais dominados e explorados das fábricas, isto é, os "peões". Ao analisarmos a formação, a transformação e a precipitação da insatisfação operária com os salários e as condições de trabalho no ABC, concluímos que os peões do ABC explicam a liderança de Lula, mas Lula não explica a rebeldia e o ativismo dos peões do ABC.

No entanto, durante aproximadamente duas décadas, Lula da Silva encarnou em termos práticos aquela pulsão plebeia reformista alimentada por um movimento social florescente que buscou institucionalizar direitos da cidadania e cuja origem social pode ser bem localizada naquilo que Antonio Gramsci chamou de "bom senso" popular.[15] A burocracia sindical liderada por Lula da Silva alinhou-se a esse *instinto de classe*, orientando-se por essa pulsão plebeia que deita profundas raízes na forma como as relações de produção capitalistas reproduzem-se no Brasil. Daí sua popularidade, como liderança sindical e como político profissional, fator naturalmente de grande valia para sua vitória na eleição presidencial de 2002. Desde então, apoiando-se em uma conjuntura econômica marcada pelo crescimento e fortalecendo progressivamente políticas públicas redistributivas, o governo de Lula da Silva soube legitimar o processo de "fusão" da alta burocracia sindical com o aparelho de Estado iniciado em meados da década de 1990,

---

14 Para mais detalhes, ver Ricardo Antunes. *A rebeldia do trabalho*: o confronto operário no ABC paulista: as greves de 1978/80. Campinas: Editora da Unicamp, 1988.

15 Antonio Gramsci. *Cadernos do Cárcere, op. cit.*

200   Ruy Braga

consolidando aquilo que podemos chamar de "hegemonia lulista", isto é, uma relação social de dominação apoiada na articulação entre o consentimento passivo dos setores populares e o consentimento ativo das direções dos movimentos sociais.

Limites da hegemonia lulista

Na realidade, parece-me que o sucesso dos governos de Lula da Silva deve-se, sobretudo, à combinação do momento econômico favorável com a consolidação de, para utilizarmos a expressão popularizada pelo cientista político André Singer, um "reformismo fraco", que alimenta essa relação social hegemônica.[16] Ou seja, a combinação de crescimento econômico com desconcentração de renda entre aqueles que vivem do trabalho tornou-se muito sedutora para o precariado brasileiro. Em especial se consideramos a atual crise econômica internacional, na qual predomina forte tendência ao aumento das desigualdades. E, de fato, sabemos que durante os governos de Lula da Silva, 2,1 milhões de empregos formais foram criados no país todos os anos. No entanto, desses 2,1 milhões de empregos formais, 2 milhões remuneram até 1,5 salário mínimo.[17]

Em minha opinião, a desconcentração de renda promovida pela combinação entre políticas públicas redistributivas, crescimento econômico e formalização do mercado de trabalho garantiu a absorção daquela massa de trabalhadores pobres que não é capaz de poupar e que transforma todo o dinheiro que entra na base da pirâmide salarial em consumo. Assim, assistimos a um ciclo de progresso material que apresenta limites muito precisos: o mercado de trabalho brasileiro tem demonstrado sérias dificuldades de oferecer empregos mais qualificados que aqueles facilmente encontrados, por exemplo, no setor de serviços pessoais ou na construção civil.

---

16   Para mais detalhes, ver André Singer. *Os sentidos do lulismo, op. cit.*

17   Para mais detalhes, ver Marcio Pochmann, *Nova classe média? op. cit.*

Além disso, as condições de trabalho estão se tornando mais degradadas, com o aumento da taxa de rotatividade e de flexibilização do emprego, além do aumento no número de acidentes de trabalho no país. Assim, parece-me mais ou menos claro que, conforme a experiência política da classe trabalhadora brasileira com o atual modelo de desenvolvimento aprofunda-se, mais problemático se torna o controle do movimento sindical sobre a inquietação das bases com baixos salários, deterioração das condições de trabalho e aumento do endividamento das famílias trabalhadoras. Na realidade, desde 2008, o movimento sindical percebeu essa inquietação e vem promovendo greves e paralisações, ainda que as lideranças sindicais lulistas não desejem encabeçar movimentos paradistas nacionais, como o dos bancários e dos ecetistas, por exemplo, pois eles invariavelmente atingem o governo federal.[18]

Comparar o comportamento operário atual com aquele do fordismo clássico implica reconhecer uma mudança muito acentuada no perfil da classe trabalhadora brasileira: hoje existem mais mulheres trabalhando, e a escolaridade aumentou a ponto de o diploma de ensino médio ter se transformado em um critério mínimo para a entrada no mercado de trabalho.[19] Além disso, não devemos negligenciar o impacto que a transformação do padrão de consumo mundializado causou sobre as diferentes disposições sociais dos trabalhadores. Na realidade, a soma do desmanche das formas de solidariedade fordista promovido pela empresa neoliberal com o avanço do padrão de consumo pós-fordista estimulado pela globalização econômica promoveu um avanço sem precedentes da individualização do comportamento da classe trabalhadora no país.

De fato, os anos 1990 foram muito difíceis para o movimento sindical brasileiro, em especial se pensarmos na conjuntura econômica marcada pelo desemprego de massa. As empresas promoveram um

---

18 Para mais detalhes, ver Wilson A. C. de Amorim. "As Greves de 2011 e 2012". *Informações Fipe*, São Paulo, Fipe, n. 377, fev. 2012, p. 22-32.

19 Para mais detalhes, ver dados citados por Marcio Pochmann. *Nova classe média? op. cit.*

202 Ruy Braga

acelerado ciclo de reestruturação produtiva que terceirizou, flexibilizou e precarizou o trabalho. Dois efeitos sobre o movimento sindical são mais salientes: trata-se do recuo nas taxas de sindicalização e do desmanche do militantismo de base em favor de um pragmatismo de cúpulas sindicais. Progressivamente, o movimento sindical foi abandonando a organização de suas bases nos locais de trabalho em favor de um projeto político orientado pela eleição de seus dirigentes a cargos políticos.

A eleição de Lula da Silva em 2002 coroou esse movimento. A tese muito comentada, mas nunca totalmente assumida pelos sindicalistas lulistas, foi de que somente com a conquista do governo federal o movimento trabalhista iria readquirir sua força para enfrentar as empresas em benefício dos trabalhadores. No entanto esses dirigentes foram absorvidos pelo aparelho de Estado e pelos fundos de pensão, transformando-se em verdadeiros administradores do investimento capitalista no país.[20] Ou seja, eles não representam mais os interesses históricos dos trabalhadores, mas, sim, os interesses particulares de uma burocracia sindical que rapidamente está se transformando em uma nova burguesia de Estado. Esse tipo de "transformismo" social tende a afastar as antigas lideranças sindicais absorvidas pelas funções administrativas das demandas provenientes do ativismo de bases formadas, sobretudo, pelo proletariado precarizado. Eis o campo de tensão entre o regime de acumulação e o modo de regulação.

Em outra oportunidade, argumentamos que a reprodução das condições estruturais da produção do trabalho barato é um traço característico do regime de acumulação brasileiro.[21] Por isso, o tardo-capitalismo periférico não pode prescindir de altos níveis de informalidade e precarização que asseguram a sub-remuneração da mercadoria força de trabalho. Assim, o precariado vê-se obrigado a mobilizar-se politicamente, mesmo que à revelia dos sindicatos, a fim de assegurar as con-

---

20 Para mais detalhes, ver Francisco de Oliveira. *Crítica à razão dualista, op. cit.*

21 Para mais detalhes, ver Ruy Braga. *A política do precariado, op. cit.*

A pulsão plebeia 203

dições mínimas de sua própria reprodução. No Brasil, como a margem para concessões materiais aos trabalhadores é muito reduzida devido ao modelo de industrialização, mesmo demandas sociais tão elementares como cumprir a lei do salário mínimo, por exemplo, podem levar a uma dinâmica de radicalização social que politiza rapidamente esses setores.

Por ser uma relação histórica, evidentemente, a práxis política do precariado do período fordista não é a mesma que a atual. Tanto demandas, quanto sujeitos políticos diferem nitidamente. No entanto o Brasil ainda é um país com certas características estruturais que nos levam a concluir que a formação, na década de 1950, daquele instinto de classe ainda pode ajudar a compreender a atual dinâmica dos conflitos laborais, em especial aqueles protagonizados em 2011 e 2012 pelo precariado da construção civil e da indústria dos serviços. A despeito do ritmo lento, velocidade em boa parte explicada pela relativa falta de interesse do sindicalismo lulista em mobilizar os trabalhadores, o atual ciclo de greves e paralisações nos canteiros de obras do Plano de Aceleração do Crescimento (PAC) e na indústria da construção civil das regiões Norte e Nordeste, assim como as greves bancárias, dos trabalhadores dos correios e dos professores do ensino fundamental não deixam dúvidas a respeito do aumento do apetite sindical do precariado brasileiro.

Considerações finais

Na realidade, a partir de 2008, o número de greves vem aumentando ano após ano, alcançando, em 2011, o mesmo patamar do final dos anos 1990.[22] Se essa tendência vai ser mantida ou não é difícil prever. No entanto é provável que, num contexto marcado pela desaceleração do crescimento com pressão inflacionária, a atividade grevista deva se intensificar, pois a relação do precariado com o atual modelo é ambígua. Por um lado, há certa satisfação com a formação de um mercado de consumo de massas, em especial de bens duráveis. No entanto os

---

22 Departamento Intersindical de Estatística e Estudos Socioeconômicos (Dieese), *Estudos e Pesquisas*. Balanço das Greves em 2012, n. 66, maio 2013.

salários continuam baixos, as condições de trabalho muito duras e o endividamento das famílias trabalhadoras crescendo.

Apesar disso, a capacidade de o governo federal alimentar a esperança dos trabalhadores na utopia brasileira ainda não foi seriamente desafiada. Apesar do desempenho econômico, o governo de Dilma Rousseff tem logrado reproduzir a principal característica do atual regime hegemônico: a unidade entre o consentimento ativo das direções dos movimentos sociais e o consentimento passivo das classes subalternas. Vale observar que o adjetivo "passivo" qualifica o substantivo "consentimento", e não os próprios subalternos. Estes continuam agindo politicamente, mas sem um projeto autônomo. Em termos globais, o proletariado precarizado permanece apoiando o atual modo de regulação. Até o momento, a elevação do número de greves ainda não foi capaz de ameaçar a estabilidade desse regime. E a lembrança ainda vívida de uma década de 1990 marcada pelo antípoda da utopia brasileira, isto é, pelo desemprego de massas, desestimula nos trabalhadores o desejo de buscar alternativas oposicionistas.

Ao fim e ao cabo, nosso argumento é que esse precariado está inquieto, isto é, percebe que o atual modelo promoveu um progresso material, mas começa a concluir que tal progresso é transitório. Em síntese, se quisermos ter um quadro mais preciso a respeito da atual condição proletária no país, faz-se necessário concentrarmo-nos na globalidade (e nos limites) da reprodução do atual modelo de desenvolvimento, e não apenas na natureza redistributiva da regulação lulista. Assim, seremos capazes de interpretar com mais precisão tanto a aparente "satisfação" dos subalternos, como o ciclo de mobilizações operárias que começa a se insinuar no país.

Desafiando a hegemonia[1]

Se confiarmos nas enquetes eleitorais, Marina Silva apresenta boas chances de derrotar Dilma Rousseff em um eventual segundo turno. Uma guinada dessa magnitude na cena política não se improvisa. Mas como interpretá-la? Há tempos, tenho insistido que a hegemonia lulista resulta da convergência entre duas formas distintas de consentimento. Por um lado, o *consentimento ativo* das direções dos movimentos sociais, tendo à frente os sindicalistas, que se acomodaram ao aparelho de Estado e aos fundos de pensão das empresas estatais. Por outro, o *consentimento passivo* das classes subalternas, que, seduzidas pelas políticas públicas redistributivistas implementadas pelo governo federal, permaneciam ao lado do Partido dos Trabalhadores (PT). Vale sempre destacar que o adjetivo "passivo" qualifica o substantivo "consentimento", e não os próprios subalternos.

Mas a atual desaceleração econômica decorrente do aprofundamento da crise internacional e da diminuição de investimentos domésticos ameaça o regime hegemônico lulista. Afinal, uma economia em compasso de espera castiga o mercado de trabalho. Além disso, o aumento do endividamento das famílias trabalhadoras, combinado ao

---

1 Publicado no *Blog da Boitempo* em 8 de setembro de 2014.

aprofundamento da precarização do trabalho, amplifica o descontentamento popular com o atual modelo de desenvolvimento. Percebendo os riscos inerentes à desaceleração da economia, as classes subalternas brasileiras colocaram-se em alerta.

Enquanto os setores organizados protagonizam greves e o subproletariado segue firme com o governo, uma massa de aproximadamente 45 milhões de cidadãos formada por jovens entre 16 e 33 anos, mais escolarizada que a geração anterior, percebendo renda individual semelhante à dos pais, desgarra-se da hegemonia lulista, avizinhando-se de Marina Silva. Segundo dados divulgados recentemente pelo Instituto Datapopular, sete em cada dez jovens brasileiros estudaram mais que seus pais, 65% deles trabalham e quatro em dez conciliam trabalho e estudo. Além disso, nos lares onde vivem esses jovens trabalhadores, de cada 100 reais que um pai injeta nas finanças domésticas, o filho coloca 96. Politicamente inexperientes e sindicalmente desorganizados, não é de se estranhar que 59% deles acreditem que o país estaria melhor se não existissem partidos políticos.[2]

Apesar de reconhecer certo progresso socio ocupacional na última década e meia, essa massa fartou-se do atual modelo. Nem Aécio Neves, nem Eduardo Campos lograram seduzi-la. Afinal, ambos são políticos totalmente identificados com o sistema partidário criticado pelos jovens. Mas o que dizer da líder de um partido que é uma "rede", uma mulher que não é "nem de esquerda, nem de direita", oriunda de um grotão esquecido do país, cuja trajetória de vida é ligada à preservação ambiental e que fala o tempo todo em "nova política"?

Marina Silva surfa confortavelmente na onda "mudancista". De quebra, absorveu parte do voto das classes médias tradicionais animadas com a possibilidade de derrotar Dilma Rousseff. De fato, a pesquisa do Instituto Datafolha que cruzou dados eleitorais com o perfil político dos brasileiros mostra que, em um provável segundo turno contra

---

2   Para mais detalhes sobre os dados da pesquisa, ver Alan Rodrigues. "O que os jovens pensam sobre a política". *Istoé*, São Paulo, n. 2.336, 3 set. 2014.

A pulsão plebeia   207

Dilma, Marina seria a escolhida pelos eleitores de direita (49% contra 35% de Dilma) e de centro-direita (50% contra 38% da atual presidenta). Segundo o Datafolha, parte importante desses eleitores apoiam Aécio Neves, o candidato mais associado às opiniões direitistas.[3] Apesar de a presidenta vencer Marina Silva por uma boa margem entre os eleitores identificados com opiniões à esquerda (50% a 43%), o que mais chama atenção nessa enquete é a vantagem obtida pela ambientalista entre eleitores de centro-esquerda (47% a 45%) e de centro (48% a 43%). Trata-se de praticamente metade do eleitorado brasileiro (48%) e, apesar de a pesquisa não cruzar dados relativos à idade, é razoável supor que essa fatia acolha parte considerável dos 45 milhões de eleitores entre 16 e 33 anos. Nesse sentido, ao contrário do que dirigentes petistas têm afirmado, simplesmente não há como concluir que a maioria dos jovens que flertam com Marina Silva votem à direita.[4]

Na realidade, ainda que distorcida pelo rebaixamento geral de um debate político refém da polarização entre PT e Partido da Social Democracia Brasileira (PSDB), a aproximação entre a juventude trabalhadora e a candidata ambientalista manifesta eleitoralmente um desejo progressista de mudança social. Trata-se de uma ilusão, pois certamente Marina Silva faria um governo mais neoliberal do que Dilma Rousseff. No entanto o desejo é legítimo e merece respeito. Os milhões de jovens que vivem entre um emprego sem futuro e uma faculdade particular noturna de baixa qualidade querem aquilo que o atual sistema político não é capaz de garantir, isto é, a ampliação de seus direitos sociais.

Além disso, eles pressentiram o risco de retrocesso histórico em caso de vitória do candidato tucano. Afinal, não foram os governos do PSDB que produziram desemprego e sucatearam os serviços públicos? Mas o que dizer de uma ex-militante do Partido Revolucionário

---

3   Para mais detalhes, ver Ricardo Mendonça. "Centro-direita sustenta liderança de Marina no 2°. Turno, diz Datafolha". *Folha de S.Paulo*, 7 set. 2014.

4   Ver Valter Pomar. "Quem não sabe contra quem luta não pode vencer". *Valter Pomar*, set. 2014. Disponível em: <http://bit.ly/1tzbBH2>. Acesso em: 15 set. 2014.

208 Ruy Braga

Comunista (PRC), companheira de Chico Mendes, senadora pelo PT e dissidente, à época, lembremos, pela esquerda, do lulismo? A ex--ministra do Meio Ambiente surgiu aos olhos dessa massa precarizada como uma alternativa confiável à fadiga do lulismo.

A título pessoal, considero Marina Silva politicamente oportunista, ideologicamente conservadora e economicamente neoliberal. Em suma, uma péssima escolha. No entanto a imagem que esses jovens despolitizados por mais de duas décadas de neoliberalismo e de lulismo parecem ter da candidata do Partido Socialista Brasileiro (PSB) é bem diferente. Ela identificou-se à pulsão plebeia que anima o ciclo de lutas sociais inaugurado pelas Jornadas de Junho, capitalizando o desejo de progresso ocupacional enraizado na efetivação e ampliação dos direitos da cidadania. É um baita estilhaço vindo da explosão das ruas no ano passado.

Naturalmente, Marina Silva não é capaz de disputar a direção dos movimentos sociais com o PT. Desse modo, o *consentimento ativo* das direções permanece intocado. Isso garante ao governo um enorme poder de reação. Ademais, o subproletariado não se afastou um mísero centímetro de Dilma Rousseff. Ou seja, a eleição segue indefinida. Entretanto Marina Silva disputa com o lulismo, e esta é a grande novidade do momento político atual, o *consentimento passivo* dos subalternos. E o jovem precariado urbano, isto é, aquela massa precarizada de trabalhadores do setor de serviços acantonada nas periferias das principais cidades brasileiras, poderá garantir a vitória da candidata pessebista.

Afinal, não devemos esquecer que a ampla maioria dos milhões de jovens que foram incorporados ao mercado de trabalho na última década recebendo pouco mais de um salário mínimo é formada por mulheres não brancas. A identificação com uma candidata mulher, negra, pobre e trabalhadora não é acidental. Na verdade, Marina Silva é um tipo de liderança que se encaixa à perfeição nos sonhos dessa massa. E ainda que a frustração popular seja certa, precisamos reconhecer que sua eventual vitória fluiria diretamente das contradições do atual regime hegemônico.

Desenlace[1]

> *Que el miedo cambie de bando,*
> *Que el precariado se haga visible,*
> *Que no se olviden de tu alegría.*
> Ismael Serrano, *La Llamada.*

Os sismos causados pelo movimento dos Indignados espanhóis ameaçam se transformar em um terremoto político devastador para o neoliberalismo. De acordo com uma pesquisa eleitoral divulgada na última semana pelo jornal *El País*, o *Podemos*, partido recém-criado pela aliança entre o jovem precariado espanhol e intelectuais de esquerda, alcançou 28% das intenções de voto para as eleições legislativas de novembro de 2015. Este resultado coloca-o dois pontos à frente do oposicionista Partido Socialista Operário Espanhol (PSOE) e oito adiante do Partido Popular (PP) do atual primeiro-ministro, o conservador Mariano Rajoy. Apenas para efeitos comparativos, nas eleições legislativas de maio de 2011, o PP havia conquistado 45% dos votos...

Herdeiro da auto-mobilização da juventude e dos trabalhadores precarizados, o Podemos coroa a indignação social de toda uma

---

1   Publicado no *Blog da Boitempo* em 10 de novembro de 2014.

210 Ruy Braga

geração de jovens espanhóis que, apesar de seus diplomas, agoniza entre o subemprego e a exclusão social. Apoiando-se na crítica a um sistema plasmado por políticas austeritárias impostas pela *Troika* (isto é, a Comissão Europeia, o Fundo Monetário Internacional e o Banco Central Europeu), os Indignados insurgiram-se contra o regime bipartidário (PP-PSOE) que há trinta e dois anos domina o país. E conquistaram uma rara vitória organizativa por meio de um modelo de ação coletiva cujo eixo gravita em torno da ocupação de espaços públicos e da organização de assembleias populares.

Além de potencializar a defesa dos direitos da cidadania sob o fogo cerrado da Troika, este método favoreceu a resistência às formas tradicionais de cooptação política. Mesmo quando certa desmobilização abateu-se sobre a onda de ocupações iniciada em 15 de maio de 2011, o movimento soube se reaglutinar em torno de coletivos dedicados a inúmeros temas sociais aos quais se somaram intelectuais e ativistas da Esquerda Anticapitalista (um pequeno agrupamento de origem trotskista). Estavam lançadas as bases de um projeto cujos 8% dos votos na eleição europeia de 11 de março deste ano já haviam surpreendido muita gente.

Tendo em vista a composição social do movimento, não é estranho que suas lideranças sejam cientistas sociais da Universidade Complutense de Madri, tais como Pablo Iglesias, recém-eleito deputado europeu, e Íñigo Errejón, coordenador-geral da campanha do partido para o parlamento europeu. Da crise de financiamento das universidades às condições degradantes do mercado de trabalho, uma geração de estudantes que trabalham e trabalhadores que estudam têm buscado no diálogo das ciênciais sociais com públicos extra-acadêmicos ferramentas para interpretar as vicissitudes do presente.

Assim, reflexões sociológicas acerca da ação coletiva pós-nacional (Iglesias) ou da luta pela hegemonia na América Latina contemporânea (Errejón), por exemplo, tanto alimentam a crítica ao totalitarismo econômico imposto pela Troika, quanto advertem para os estreitos limites participativos da democracia representativa. Não por outra razão, um reconhecido líder do Podemos, também professor de sociologia da Universidade Complutense de Madri, Juan Carlos Monedero, afirmou recentemente:

> "[Antonio] Gramsci dizia que os tempos de crise são tempos em que o velho ainda não morreu e o novo ainda não nasceu. As instituições vinculadas à Constituição espanhola de 1978 estão aí, mas já não funcionam e as novas instituições estão por construir. [...]. A conclusão é que o esgotamento da democracia representativa, a perda de credibilidade de uns políticos que se converteram em burocratas do neoliberalismo, transformou-se na necessidade de inventar novas soluções. Era preciso gente que viesse de fora da política, de fora do sistema, que tivesse a sua profissão e que falasse uma linguagem que as pessoas entendessem [...] Não viemos do nada. Viemos de muitas lutas, de muita participação em diferentes movimentos sociais. Também de partidos. E estamos num momento histórico em que, como diz o meu mestre, Boaventura de Sousa Santos, é muito importante pensar de outra maneira para que seja possível construir de outra maneira. É preciso romper o marco político em que entregamos aos especialistas a gestão do político, porque os cidadãos perdem a possibilidade de controlar as metas coletivas. [...]. Há que romper a hegemonia de um modelo capitalista que nos transforma a todos em mercadoria e que mede a vida em termos de rentabilidade. [...]. Costumo dizer que vivemos tempos em que precisamos de um 'leninismo amável'. [...]. (Necessitamos de) um leninismo que enfrente o que chamamos a 'casta' (financeira) de uma maneira dialogada e deliberativa. Somos uma força que conjuga uma altíssima participação popular com a capacidade de decisão popular."[2]

---

2   Maria João Morais e Filipe Pacheco. "Número dois do Podemos diz que 'linha que separa direita da esquerda esgotou-se'". *Jornal de Notícias*, Lisboa, 4 nov. 2014.

212   Ruy Braga

Muitos dirão que o Podemos não advoga uma saída socialista para a crise europeia. O "Documento final do programa colaborativo" elaborado em assembleias cidadãs que atraíram milhares de ativistas ano passado é, na verdade, uma agenda para a democratização do Estado social de direitos.[3] Além de várias concessões à pequena propriedade, as medidas econômicas apresentadas são de natureza socialdemocrata, concentrando-se na criação de empregos por meio da redução da jornada de trabalho, na regulação social das empresas públicas, na democratização do Banco Central Europeu e no reforço à proteção trabalhista.

As medidas políticas propugnadas pelo documento denotam igualmente a adesão a um reformismo forte. Além de exigir a auditoria cidadã da dívida pública, o Podemos propõe o fortalecimento dos mecanismos de controle popular do orçamento de Estado, a democratização dos meios de comunicação, a defesa e a ampliação dos direitos das mulheres, dos grupos LGBTs e dos trabalhadores imigrantes. Em princípio, nenhuma dessas bandeiras é verdadeiramente incompatível com as relações de produção capitalistas. No entanto, nos marcos da crise que atualmente devasta o sul da Europa, a simples defesa do Estado social já configura um sério desafio à reprodução de um capitalismo financeirizado incapaz de realizar concessões aos subalternos.

Neste sentido, uma eventual vitória de Pablo Iglesias para o cargo de primeiro-ministro seria um duríssimo golpe na *Troika*. Considerando que Iglesias foi o único dos sete dirigentes políticos citados pela pesquisa do El País a receber uma avaliação positiva do eleitorado, sua eventual eleição é bastante plausível. E como na canção de Ismael Serrano, o medo parece estar mudando de lado: preocupado com os resultados da sondagem eleitoral, o tradicional banco inglês *Barclays* divulgou um relatório afirmando que o "forte crescimento" do Podemos ameaça a política de austeridade

---

3   Ver http://podemos.info/wordpress/wp-content/uploads/2014/05/Programa-Podemos.pdf. Acesso em: 3 nov. 2014.

espanhola.[4] Contra este tipo de ataque, Iglesias e seus companheiros têm se empenhado em construir alianças internacionais com forças afins como, por exemplo, o Bloco de Esquerda de Portugal.[5]

Infelizmente, o movimento português de protesto social intitulado "Que se Lixe a Troika!", cujas duas manifestações, ocorridas nos dias 15 de setembro de 2012 e 2 de março de 2013, reuniram cada uma mais de 1 milhão de pessoas nas principais cidades do país não evoluiu, até o momento, rumo a uma organização à la Podemos. Há inúmeras razões para isso que vão desde a forte hegemonia do Partido Comunista (PCP) sobre o movimento sindical português à massiva emigração de jovens que fragiliza a militância dos novos movimentos, como, por exemplo, a Associação de Combate à Precariedade Precários Inflexíveis. No entanto, tendo em vista o aprofundamento da crise no sul da Europa, é de se esperar que os sismos do terremoto espanhol sejam logo sentidos também em Lisboa.

Evidentemente, há ainda um bom tempo até as eleições legislativas de novembro de 2015. Não devemos menosprezar a possibilidade do PSOE liderado pelo jovem secretário-geral Pedro Sanchez Perez-Castejon restabelecer no próximo ano uma posição majoritária entre os eleitores espanhóis. Além disso, parte importante do excelente desempenho do Podemos nas enquetes advém da atração exercida por seu "leninismo amável" sobre os eleitores que votam nulo. Trata-se de uma base de votos um tanto ou quanto fluída. Este fato aumenta a necessidade de que o partido estreite os laços com a classe trabalhadora tradicional e seus sindicatos. No entanto, apesar de todas estas precauções, é indubitável que a aliança entre o jovem precariado espanhol e intelectuais de esquerda inventou uma alternativa politicamente sedutora. Ao menos por enquanto, a sobrevivência do Estado social na Europa depende do devir deste projeto.

---

4   Ver Katy Barnato. "Why a pony-tailed academic could rock Spain". Disponível em http://www.cnbc.com/id/102145697. Acesso em: 3 nov. 2014.

5   Ver Rita Brandão Guerra. "Bloco e Podemos trocam contributos entre Lisboa e Madrid". *Público*, Lisboa, 3 nov. 2014.

Referências

AGLIETTA, Michel. *Régulation et crises du capitalisme*. L'expérience des États-Unis. Paris: Calmann-Lévy, 1976.

ALEGRETTI, Laís; WARTH, Anne. "Criação de emprego em 2013 é a menor em 10 anos". *O Estado de S. Paulo*, 21 jan. 2014.

ALEXANDER, Peter. "Protests and Police statistics: some commentary". *Amandla!*, Cidade do Cabo, 28 mar. 2012. Disponível em: <http://www.amandla.org.za/home-page/1121-protests-and-police--statistics-some-commentary-by-prof-peter-alexander>. Acesso em: 27 ago. 2014.

ALEXANDER, Peter *et al.* *Marikana*: A View From the Mountain and a Case to Answer. Johannesburgo: Jacana, 2013.

ALVES, Murilo Rodrigues; IZAGUIRRE, Mônica. "Previsão do crescimento do PIB cai de 2,5% para 1,6%, diz BC". *Valor Econômico*, São Paulo, 27 set. 2012.

AMORIM, Paulo Henrique. "Globo derruba a grade. É o Golpe!" *Conversa Afiada*, 20 jun. 2013. Disponível em: <http://www.conversaafiada.com.br/brasil/2013/06/20/globo-derruba-a-grade-e-o-golpe/>. Acesso em: 18 ago. 2013.

AMORIM, Wilson A. C. de. "As Greves de 2011 e 2012". *Informações Fipe*, São Paulo, Fipe, n. 377, fev. 2012, p. 22-32.

ANTUNES, Ricardo. *A rebeldia do trabalho*. O confronto operário no ABC paulista: as greves de 1978/80. Campinas: Editora da Unicamp, 1988.

ANTUNES, Ricardo; BRAGA, Ruy. "Los días que conmovieron a Brasil. Las rebeliones de junio-julio de 2013". *Herramienta*, Buenos Aires, n. 53, jul.-ago. 2013, p. 9-21.

ANTUNES, Ricardo; BRAGA, Ruy (orgs.). *Infoproletários*: degradação real do trabalho virtual. São Paulo: Boitempo, 2009.

ARANTES, Paulo. "Uma reforma intelectual e moral: Gramsci e as origens do idealismo alemão". *Presença*, Rio de Janeiro, n. 17, nov. 1991, p. 141-209.

AUDITORIA CIDADÃ DA DÍVIDA. "É por direitos! Auditoria da dívida já!". *Auditoria Cidadã da Dívida*, Brasília. Disponível em: <http://www.auditoriacidada.org.br/e-por-direitos-auditoria-da-divida-ja-confira-o-grafico-do-orcamento-de-2012/>. Acesso em: 26 ago. 2014.

AUTAIN, Clémentine *et al. Banlieue*, lendemains de révolte. Paris: La Dispute, 2006.

BARROS, Ciro. "O não-legado da Copa do Mundo". *Brasil de Fato*, São Paulo, 8 jan. 2014.

BATISTA JR., João. "Os sultões dos camarotes". *Veja São Paulo*, 1º nov. 2013.

BENSAÏD, Daniel. *Marx, o intempestivo*. Rio de Janeiro: Civilização Brasileira, 1999.

BERGAMO, Mônica. "'Eu tava marcado', diz estudante Fábio Hideki ao relatar prisão após protesto". *Folha de S.Paulo*, 13 ago. 2014.

BICHIR, Renata Mirandola. "O Bolsa Família na berlinda? Os desafios atuais dos programas de transferência de renda". *Novos Estudos Cebrap*, São Paulo, n. 87, jul. 2010, p. 115-29.

BOND, Patrick. *The elite transition*: from apartheid to neoliberalism in South Africa. Londres: Pluto, 2000.

BOURDIEU, Pierre. *Meditações pascalianas*. Rio de Janeiro: Bertrand Brasil, 2001.

_____. *As regras da arte*. São Paulo: Companhia das Letras, 1992.

BRAGA, Ruy. "Para onde vai o precariado brasileiro? Sindicalismo e hegemonia no Brasil contemporâneo". *Perseu*: História, Memória e Política, São Paulo, n. 10, 2014.

_____. "Sob a sombra do precariado". In: HARVEY, David *et al*. *Cidades rebeldes*: passe livre e as manifestações que tomaram as ruas do Brasil. São Paulo: Boitempo/ Carta Maior, 2013.

_____. "As jornadas de junho no Brasil: Crônica de um mês inesquecível". *Observatorio Social de América Latina*, Buenos Aires, n. 34, nov. 2013, p. 51-61.

_____. *A política do precariado*: do populismo à hegemonia lulista. São Paulo: Boitempo, 2012.

_____. "O pêndulo de Marx: sociologias públicas e engajamento social". *Utopía y Praxis Latinoamericana*, Maracaibo, v. 16, n. 52, 2011, p. 55-80.

BRAGA, Ruy *et al*. "Social movement unionism and neoliberalism in São Paulo, Brazil: shifting logics of collective action in telemarketing labor unions". *Societies without Borders*, v. 6, n. 1, 2011, p. 73-101.

BRASIL. Ministério da Previdência Social *et al*. *Anuário Estatístico de Acidentes do Trabalho*: AEAT 2011, Brasília, MTE/ MPS, v. 1, 2012.

218 Ruy Braga

_____. "Secretaria de Assuntos Estratégicos da Presidência da República (SAE)". "Classe média e emprego assalariado", *Vozes da nova classe média*, Brasília, n. 4, ago. 2013.

BRUTUS, Dennis. *Sirens, Knuckles, Boots*. Johannesburgo: Mbari, 1963.

BURAWOY, Michael. *O marxismo encontra Bourdieu*. Campinas: Editora da Unicamp, 2010.

CABANES, Robert *et al.* (orgs.). *Saídas de emergência*: ganhar/perder a vida na periferia de São Paulo. São Paulo: Boitempo, 2011.

CAMARGO, João. *Que se lixe a Troika!* Porto: Deriva, 2013.

CARDOSO, Adalberto. *A construção da sociedade do trabalho no Brasil*: uma investigação sobre a persistência secular das desigualdades. Rio de Janeiro: FGV, 2010.

CARVALHO, Daniel. "Campos minimiza pesquisa que mostra crescimento de popularidade de Dilma no NE". *Folha de S.Paulo*, 19 mar. 2013.

CASTEL, Robert. *As metamorfoses da questão social*: uma crônica do salário. Petrópolis: Vozes, 1998.

CAVALLINI, Marta. "Telemarketing emprega 1,4 milhão no país". *O Globo*, Rio de Janeiro, 7 out. 2012.

_____. T"elemarketing emprega 1,4 milhão no país; veja como é o trabalho no setor". *G1*, 6 out. 2012. Disponível em: <http://g1.globo.com/concursos-e-emprego/noticia/2012/10/telemarketing-emprega-14-milhao-no-pais-veja-como-e-o-trabalho-no-setor.html>. Acesso em: 11 set. 2014.

CHUN, Jennifer Jihye. *Organizing at the Margins*. Ithaca: Cornell University, 2009.

CODOGNO, Vivian. "OIT avalia situação global de trabalhadores domésticos". *O Estado de S. Paulo*, 28 out. 2013.

A pulsão plebeia 219

COSTA, Breno. "Aprovação do governo Dilma chega a 63% e bate novo recorde, diz pesquisa". *Folha de S.Paulo*, 19 mar. 2013.

COSTA, Fernando Braga da. *Homens invisíveis*: relato de uma humilhação social. São Paulo: Globo, 2004.

COSTA, Hermes A. "Do enquadramento teórico do sindicalismo às respostas pragmáticas". In: ESTANQUE, Elísio; COSTA, Hermes A. (orgs.). *O sindicalismo português e a nova questão social*: crise ou renovação?. Coimbra: Almedina, 2011.

DATAFOLHA. "Apoio às manifestações cai de 74% para 66%". *Datafolha*, 28 out. 2013. Disponível em: <http://datafolha.folha.uol.com.br/opiniaopublica/2013/10/1363246-apoio-as-manifesta-coes-cai-de-74-para-66.shtml>. Acesso em: 11 set. 2014.

_____. "Em São Paulo, conservadores são em maior número que liberais". *Datafolha*, 18 set. 2012. Disponível em: <http://datafolha.folha.uol.com.br/eleicoes/2012/09/1160135-em-sao-paulo-conser-vadores-sao-em-maior-numero-que-liberais.shtml>. Acesso em: 2 set. 2014.

DEPARTAMENTO INTERSINDICAL DE ESTATÍSTICA E ESTUDOS SOCIOECONÔMICOS (Dieese). *Rotatividade setorial*: dados e diretrizes para a ação sindical. São Paulo, Dieese, 2014.

_____. "Balanço das Greves em 2012". *Estudos e Pesquisas*, n. 66, maio 2013.

_____. "Balanço das negociações dos reajustes salariais de 2012". *Estudos e Pesquisas*, n. 64, mar. 2013.

DIAS, Guilherme Soares. "Número de greves em 2011 foi o maior desde 1997, diz Dieese". *Valor Econômico*, São Paulo, 29 nov. 2012.

DOIS anos a ferver: retratos da luta, balanço da precariedade. Lisboa, Afrontamento, 2009.

ESTANQUE, Elísio; COSTA, Hermes A. "Labour relations and social movements in the 21st century". In: ERASGA, Denis (ed.). *Sociological Landscapes*: Theories, Realities and Trends. Rijeka: Intech, 2012.

ESTANQUE, Elísio; COSTA, Hermes A. (orgs.). *Revista Crítica de Ciências Sociais*. Trabalho, precariedade e rebeliões sociais, Coimbra, n. 103, 2014.

_____. *O sindicalismo português e a nova questão social*: crise ou renovação?. Coimbra: Almedina, 2011.

ESTANQUE, Elísio; COSTA, Hermes A.; SOEIRO, José. "The new global cycle of protest and the portuguese case". *Journal of Social Science Education*, Bielefeld, v. 12, n. 1, 2013, p. 31-40.

EVANS, Peter. "Is it labor's turn to globalize? Twenty-first century opportunities and strategic responses". *Global Labour Journal*, Hamilton, v. 1, n. 3, 2010, p. 352-79.

_____. "Is an alternative globalization possible?". *Politics & Society*, v. 36, n. 2, 2008, p. 271-305.

FARIA, Ana Rita Faria *et al*. "Trabalhadores do privado vão perder um salário". *Público*, Lisboa, 7 set. 2012.

FARIA, Natália. "Mais de 2,5 milhões em risco de pobreza e exclusão no país". *Público*, Lisboa, 9 fev. 2012.

GALHARDO, Ricardo. "Lula: crise é tsunami nos EUA e, se chegar ao Brasil, será 'marolinha'". *O Globo*, Rio de Janeiro, 4 out. 2008. Disponível em: <http://oglobo.globo.com/economia/lula-crise--tsunami-nos-eua-se-chegar-ao-brasil-sera-marolinha-3827410>. Acesso em: 1º set. 2014.

GRAMSCI, Antonio. "Caderno 25: Às margens da história. História dos grupos sociais subalternos". In: _____. *Cadernos do cárcere*. Rio de Janeiro: Civilização Brasileira, 2002. v. 5.

_____. "Caderno 12: Apontamentos e notas dispersas para um grupo de ensaios sobre a história dos intelectuais". In: _____. *Cadernos do cárcere*. Rio de Janeiro: Civilização Brasileira, 2000. v. 2.

_____. *Cadernos do cárcere*. Rio de Janeiro: Civilização Brasileira, 1999, v. 1.

GUEDES, Renato; PEREIRA, Rui Viana. "E se houvesse pleno emprego?". In: VARELA, Raquel (org.). *A segurança social é sustentável*: trabalho, Estado e segurança social em Portugal. Lisboa: Bertrand, 2013.

HARVEY, David. *O novo imperialismo*. São Paulo: Loyola, 2004.

"INSATISFEITOS, atletas criam movimento para mudar calendário de jogos da CBF". *O Estado de S. Paulo*, 24 set. 2013.

INSTITUTO BRASILEIRO DE GEOGRAFIA E ESTATÍSTICA (IBGE). *Estudos e Pesquisas*. Informação demográfica e socioeconômica, Brasília, n. 27, 2010.

INSTITUTO BRASILEIRO DE OPINIÃO PÚBLICA E ESTATÍSTICA (Ibope). "72% dos internautas estão de acordo com as manifestações públicas". *Ibope*, 18 jun. 2013. Disponível em: <http://www.ibope.com.br/pt-br/noticias/Paginas/72-dos-internautas-estao-de-acordo-com-as-manifestacoes-publicas.aspx>. Acesso em: 22 ago. 2014.

INSTITUTO DE PESQUISA ECONÔMICA APLICADA (Ipea). *Comunicados do Ipea*. Distribuição funcional da renda pré e pós-crise internacional no Brasil, Brasília, n. 47, 5 maio 2010.

JR., João Batista. "Os sultões dos camarotes". *Veja São Paulo*, 1º nov. 2013.

LEITE, Jorge *et al.* "Austeridade, reformas laborais e desvalorização do trabalho". In: CENTRO DE ESTUDOS SOCIAIS (CES). *A anatomia da crise*: identificar os problemas para construir as alternativas (1º relatório, preliminar, do Observatório sobre Crises e Alternativas), Coimbra, CES-UC, 2014. No prelo.

LIMA, Maria da Paz Campos; ARTILES, Antonio Martin. "Descontentamento na Europa em tempos de austeridade". *Revista Crítica de Ciências Sociais*, Coimbra, n. 103, maio 2014, p. 137-72.

LIPIETZ, Alain. *Miragens e milagres*: problemas da industrialização no Terceiro Mundo. São Paulo: Nobel, 1988.

LÖWY, Michael. *Walter Benjamin*: aviso de incêndio. São Paulo: Boitempo, 2005.

MACEDO, Letícia; PIZA, Paulo Toledo. "'Rolezinho1 nas palavras de quem vai". *G1*, 15 jan. 2014.

MARAIS, Hein. *South Africa pushed to the limit*. Claremont: UCT, 2011.

MARX, Karl. *O capital*. Crítica da economia política. Livro I: O processo de produção do capital. São Paulo: Boitempo, 2013.

MARX, Karl; ENGELS, Friedrich. *Manifesto Comunista*. São Paulo: Boitempo, 1998.

MATOS, José Nuno; DOMINGOS, Nuno; KUMAR, Rahul (orgs.). *Precários em Portugal*: entre a fábrica e o *"call center"*. Lisboa: Edições 70, 2011.

MELVILLE, Herman. *O vigarista*. Rio de Janeiro: Editora 34, 1992.

MENDONÇA, Ricardo. "Centro-direita sustenta liderança de Marina no 2º. Turno, diz Datafolha". *Folha de S.Paulo*, 7 set. 2014.

_____. "Inclinação conservadora em SP impulsiona Russomanno: Datafolha testa valores do eleitorado para medir grau de conservadorismo". *Folha de S.Paulo*, 23 set. 2012.

MINDEZ, Leonardo. "Cristina: 'A mí no me corre nadie y menos con amenazas". *Clarín*, Buenos Aires, 21 nov. 2012.

MORRISSEY, Morrissey: "Thatcher Was a Terror Without an Atom of Humanity". *The Daily Beast*, 4 ago. 2013.

NOBRE, Marcos. *Imobilismo em movimento*: da abertura democrática ao governo Dilma. São Paulo: Companhia das Letras, 2013.

OLIVEIRA, Francisco de. "Assustaram os donos do poder, e isso foi ótimo diz o sociólogo Chico de Oliveira". *Folha de S.Paulo*, 9 nov. 2013.

_____. Prefácio: "Contos kafkianos". In: CABANES, Robert *et al* (orgs.). *Saídas de emergência*: ganhar/perder a vida na periferia de São Paulo. São Paulo: Boitempo, 2011.

_____. *Crítica à razão dualista/ O ornitorrinco*. São Paulo: Boitempo, 2003.

OLIVEIRA, Francisco de; BRAGA, Ruy; RIZEK, Cibele S. (orgs.). *Hegemonia às avessas*: economia, política e cultura na era da servidão financeira. São Paulo: Boitempo, 2010.

OLIVEIRA, Francisco de; PAOLI, Maria CéliaP. M. (orgs.). *Os sentidos da democracia*: políticas do dissenso e hegemonia global. Petrópolis: Vozes, 1999.

OLIVEIRA, Francisco de; RIZEK, Cibele S. (orgs.). *A era da indeterminação*. São Paulo: Boitempo, 2007.

OLIVEIRA, Sirlei Márcia de; COSTA, Patrícia Lino. "Condicionantes para a profissionalização do trabalho doméstico no Brasil: um olhar sobre a profissão em duas regiões metropolitanas – São Paulo e Salvador – na última década". In: ENCONTRO ANUAL DA ANPOCS, 36, Águas de Lindoia, 21-25 out. 2012.

"O MUNDIAL dos recordes: Fifa deve faturar R$ 10 bilhões com Copa 2014". *Placar*, 6 jun. 2014.

ORTIZ, Isabel *et al.* "World Protests 2006-2013". *Initiative for Policy Dialogue*, Nova York, Friedrich-Ebert-Stiftung, set. 2013.

224 Ruy Braga

PAOLI, Maria Célia P. M. "Movimentos sociais no Brasil: em busca de um estatuto político". In: PAOLI, Maria Célia P. M.; HELLMANN, Michaela. *Movimentos sociais e democracia no Brasil*: Sem a gente não tem jeito. Rio de Janeiro: Marco Zero, 1995.

PARKS, Rosa; HASKINS, Jim. *My Story*. Nova York: Puffin, 1999.

PAUGAM, Serge. *La disqualification sociale*: essai sur la nouvelle pauvreté. Paris: Presses Universitaires de France, 1991.

PAULANI, Leda. *Brasil delivery*: servidão financeira e estado de emergência econômico. São Paulo: Boitempo, 2008.

PENA, Paulo Gilvane Lopes; CARDIM, Adryanna; ARAÚJO, Maria da Purificação. "Taylorismo cibernético e Lesões por Esforços Repetitivos em operadores de telemarketing em Salvador-Bahia". *Caderno CRH*, Salvador, v. 24, n. 1, 2011, p. 131-51.

PEREIRA, Sónia Santos. "Portugal perde meio milhão de jovens numa década". *Económico*, Lisboa, 11 ago. 2014.

PIERRE Bourdieu: la sociologie est un sport de combat. Direção: Pierre Carles. França, CP Productions e VF Films, 2001.

PIERUCCI, Antônio Flávio. "Eleição 2010: desmoralização eleitoral do moralismo religioso". *Novos Estudos Cebrap*, São Paulo, n. 89, mar. 2011, p. 6-15.

_____. "O povo visto do altar: democracia ou demofilia?" *Novos Estudos Cebrap*, São Paulo, n. 16, 1986, p. 66-80.

PINHEIRO, Daniela. "O comissário: Rui Falcão e a missão de comandar o PT depois das revoltas de junho e do desgaste de Dilma". *Piauí*, São Paulo, n. 83, ago. 2013.

PINTO, Ana Filipa. "À Rasca: oretrato de uma geração". Lisboa: Planeta, 2011.

POCHMANN, Marcio. *O mito da grande classe média*: capitalismo e estrutura social. São Paulo: Boitempo, 2014.

_____. *Nova classe média?* O trabalho na base da pirâmide salarial brasileira. São Paulo: Boitempo, 2012.

POLANYI, Karl. *A grande transformação*. Rio de Janeiro: Campus, 2000.

POMAR, Valter. "Quem não sabe contra quem luta não pode vencer". *Valter Pomar*, 4 set. 2014. Disponível em: <http://bit.ly/1tzbBH2>. Acesso em: 15 set. 2014.

PORDATA. "Taxa de crescimento real do PIB per capita na Europa". *Pordata*. Disponível em: <http://www.pordata.pt/Europa/Taxa+de+c rescimento+real+do+PIB+per+capita-1533>. Acesso em: 9 set. 2014.

RAJADO, Ana. "A força de trabalho em Portugal 2010-2011: breve descrição". In: VARELA, Raquel (org.). *A segurança social é sustentável*: trabalho, Estado e segurança social em Portugal. Lisboa: Bertrand, 2013.

REGO, Walquíria Leão; PINZANI, Alessandro. *Vozes do Bolsa Família*: autonomia, dinheiro e cidadania. São Paulo: Editora Unesp, 2014.

RIZEK, Cibele S. "Gerir a pobreza? Novas faces da cultura nos territórios da precariedade". In: TORRES, Ana Clara R.; VAZ, Lilian Fessler; SILVA, Maria Lais Pereira da (orgs.). *Leituras da Cidade*. Rio de Janeiro: Letra Capital, 2012.

RODRIGUES, Alan. "O que os jovens pensam sobre a política". *Istoé*, São Paulo, n. 2.336, 3 set. 2014.

RODRIGUES, José Albertino. *Sindicato e desenvolvimento no Brasil*. São Paulo, Difusão Europeia do Livro, 1968.

RODRIGUES, Sara; CAETANO, Emília. "Dez minutos... e adeus!" *Visão*, Paço de Arcos, n. 1.094, 20 fev. 2014.

ROMANET, Virginie de. "Portugal: Les conséquences dramatiques de l'austérité imposée par la Troïka". *Comité pour l'Annulation de la Dette du Tiers Monde*, 14 mar. 2012. Disponível em: <http://cadtm.org/Portugal-Les-consequences>. Acesso em: 26 ago. 2014.

SANTOS, Boaventura de Sousa. "Para além do pensamento abissal: das linhas globais a uma ecologia de saberes". *Novos Estudos Cebrap*, São Paulo, n. 79, nov. 2007, p. 71-94.

SAYAD, Abdelmalek. *La double absence*: des illusions de l'émigré aux souffrances de l'immigré. Paris: Seuil, 1999.

SILVA, Ana Rute. "OCDE prevê 18,6% de desemprego em Portugal em 2014". *Público*, Lisboa, 16 jul. 2013.

SILVA, Maria Regina. "Salário mínimo deveria ser de R$ 2.349,26, calcula Dieese". *O Estado de S. Paulo*, 5 dez. 2011.

SINGER, André. "Quatro notas sobre as classes sociais nos dez anos do lulismo". In: FUNDAÇÃO PERSEU ABRAMO; FUNDAÇÃO FRIEDRICH EBERT (orgs.). *Classes? Que classes?* São Paulo: Fundação Perseu Abramo/ Fundação Friedrich Ebert, 2014.

_____. *Os sentidos do lulismo*: reforma gradual e pacto conservador. São Paulo: Companhia das Letras, 2012.

SOARES, Pedro. "Taxa de desemprego em 2012 fica em 5,5%, menor nível em dez anos". *Folha de S.Paulo*, 31 jan. 2013.

SOUZA, Josias de. "Ibope: 75% dos brasileiros apoiam os protestos". *Folha de S.Paulo*, 22 jun. 2013.

STANDING, Guy. *A Precariat Charter*: From Denizens to Citizens. Londres: Bloomsbury, 2014.

_____. *O precariado*: a nova classe perigosa. São Paulo: Autêntica, 2013.

STOLEROFF, Alan. "A crise e as crises do sindicalismo: Há uma revitalização possível?" In: VARELA, Raquel (org.). *A segurança social* é *sustentável*: trabalho, Estado e segurança social em Portugal. Lisboa: Bertrand, 2013.

TELLES, Vera da Silva. "Operação desmanche: o espaço público em risco". *Cadernos de Formação da CUT*, São Paulo, v. 2, 2001, p. 157-66.

TELLES, Vera da Silva; CABANES, Robert (orgs.). *Nas tramas da cidade*: trajetórias urbanas e seus territórios. São Paulo: Humanitas, 2006.

TOLEDO, José Roberto. "Nunca houve uma queda de popularidade como a de Dilma". *O Estado de S. Paulo*, 29 jun. 2013.

TOLEDO, Luiz Henrique de. "Quase lá: a copa do mundo no Itaquerão e os impactos de um megaevento na sociabilidade torcedora". *Horizontes Antropológicos*, Porto Alegre, ano 19, n. 40, jul./ dez. 2013, p. 149-84.

TRENGROUSE, Pedro. "A Copa e o Brasil". *Folha de S.Paulo*, 10 jul. 2013.

TROTSKY, Leon. *História da Revolução Russa*. São Paulo: Sundermann, 2007.

VALENTE, Gabriela. "Endividamento das famílias bate recorde: 43,99% da renda". *O Globo*, Rio de Janeiro, 27 maio 2013.

VARELA, Raquel. "Baixar o salário de 1.700 para 550 euros ou perder o emprego: eis o ataque terrorista do patronato contra os estivadores". *Rubra*, Lisboa, n. 16, 2 abr. 2013. Entrevista com Rui Viana Pereira.

VON HOLDT, Karl *et al. The smoke that calls*: insurgent citizenship, collective violence and the struggle for a place in the new South Africa. CSVR/ SWOP, 2011.

WEBER, Max. *A ética protestante e o espírito do capitalismo*. São Paulo: Companhia das Letras, 2004.

WEFFORT, Francisco. *O populismo na política brasileira*. São Paulo: Paz e Terra, 1978.

228 Ruy Braga

Obras coeditadas pelo Programa de Pós-Graduação em Sociologia da FFLCH-USP

ARBIX, Glauco. *Inovar ou Inovar. A indústria brasileira na indústria de alta tecnologia*. Papagaio, 2007.

AZAÏZ, Cristian; KESSLER, Gabriel; TELLES, Vera da Silva (orgs.). *Ilegalismos, cidade e política*. Belo Horizonte: Fino Traço/ Programa de Pós-Graduação em Sociologia – USP, 2012.

BLAY, Eva Alterman. *Assassinato de Mulheres e Direitos Humanos*. Editora 34, 2008.

BRAGA, Ruy. *A Política do Precariado*. Boitempo/PPGS, 2012.

CARDOSO, Irene. *Para uma Crítica do Presente*. Editora 34, 2001.

CARDOSO, Irene; SILVEIRA, Paulo (orgs.). *Utopia e Mal-estar na Cultura: Perspectivas Psicanalíticas*. Hucitec, 1997.

EUFRÁSIO, Mário Antônio. *Estrutura Urbana e Ecologia Humana*. Editora 34, 1999.

GARCIA, Sylvia G. *Destino Ímpar – Sobre a formação de Florestan Fernandes*. Editora 34, 2002.

GUIMARÃES, Antônio Sérgio Alfredo. *Um Sonho de Classe*. Hucitec, 1998.

_____. *Preconceito e Discriminação*. Editora 34, 2004.

GUIMARÃES, Nadya Araújo. *Caminhos Cruzados*. Editora 34, 2004.

_____. *Desemprego, uma construção social. São Paulo, Paris e Tóquio*. Argvmentvm Editora, 2009.

MARTINS, Heloisa Helena Teixeira de Souza; COLLADO, Patricia Alejandra (orgs.). *Trabalho e Sindicalismo no Brasil e na Argentina*. São Paulo: Hucitec: PPGS/USP; Mendoza: Universidad Nacional de Cuyo, 2012.

MENEZES, Paulo. À *Meia-Luz – Cinema e sexualidade nos anos 70*. Editora 34, 2001.

MIRANDA, Idenilza M. *O voo da Embraer. A competitividade brasileira na indústria de alta tecnologia*. Papagaio, 2007.

PIERUCCI, Antônio Flávio. *Ciladas da Diferença*. 2ª ed. Editora 34, 1999.

_____. *O Desencantamento do Mundo*. 2ª ed. Editora 34, 2003.

PIERUCCI, Antônio Flávio; PRANDI, Reginaldo. *A realidade Social das Religiões no Brasil*. Hucitec, 1996.

PINHEIRO, Fernando; AUGUSTO, Maria Helena; WEISS, Raquel; MASSELLA, Alexandre. *Durkheim – 150 Anos*. Argvmentvm Editora, 2008.

PRANDI, Reginaldo. *Herdeiras do Axé*. Hucitec, 1996.

SALLUM JR., Brasílio João. *Labirintos: dos Generais à Nova República*. Hucitec, 1996.

SILVA, Leonardo Mello e. *Trabalho em Grupo e Sociabilidade Privada*. Editora 34, 2004.

TELLES, Vera da Silva. *Pobreza e Cidadania*. Editora 34, 2001.

_____. *A Cidade nas Fronteiras do Legal e Ilegal*. Argvmentvm, 2010.

TELLES, Vera da Silva; CABANES, Robert (orgs.). *Nas tramas da cidade. Trajetórias urbanas e seus territórios*. Humanitas, 2006.

WAIZBORT, Leopoldo. *As Aventuras de Georg Simmel*. Editora 34, 2000.

Obras apoiadas pelo Programa de Pós-Graduação em Sociologia da FFLLCH-USP

BRAGA, Ruy; BURAWOY, Michael. *Por uma Sociologia Pública*. Alameda, 2009.

FREHSE, Fraya. *Ô da Rua! O Transeunte e o Advento da Modernidade em São Paulo*. Edusp, 2011.

Esta obra foi impressa em São Paulo
pela Gráfica Vida e Consciência no
outono de 2015. No texto foi utilizada
a fonte Electra LH em corpo 10,5 e
entrelinha de 15 pontos.